Chris Stadtlaender

Schönheit aus Blüten und Früchten

Sanfte Naturkosmetik

Ehrenwirth

CIP-Titelaufnahme der Deutschen Bibliothek

Stadtlaender, Chris:
Schönheit aus Blüten und Früchten : Naturkosmetik – leicht gemacht / Chris Stadtlaender.
– 2. Aufl. – München : Ehrenwirth, 1989
(Gesund mit Ehrenwirth)
ISBN 3-431-01892-0

ISBN 3-431-01892-0

Umschlag: Atelier Höpfner-Thoma, München
Gesamtherstellung: Friedrich Pustet, Regensburg
Printed in Germany 1989

Inhalt

Vorwort

Dieses Buch möchte sich in zwei entscheidenden Punkten von anderen Büchern zum gleichen Thema unterscheiden: Es macht durch die bedachte Wahl der verwendeten Substanzen komplizierte Zubereitungsarten unnötig und garantiert in jedem Falle hundertprozentigen Erfolg. Damit wird es zum Ansporn für jeden, der – gleich, ob schönheitsbewußte Eva oder auf Gepflegtheit bedachter Herr der Schöpfung – seine eigenen Kosmetika herstellt, weil er gegen »Schönheit aus dem Supermarkt« allergisch ist, in des Wortes wahrer Bedeutung.
Zum anderen macht die Kosmetik aus eigener Produktion jede Art von Tierversuchen überflüssig. Und dies ist ein ebenso wichtiges Anliegen unserer Zeit.
Die Autorin hat bewußt auf die Anschaffung kostspieliger elektrischer Geräte verzichtet! Kosmetika nach den hier aufgeführten Rezepten lassen sich problemlos mit der Hand anrühren. Sie bleiben weich und streichfähig bis zum letzten Rest.
Auch auf Konservierungsmittel wurde bewußt verzichtet! Die enthaltenen Kräuter und Pflanzenauszüge wirken an sich antiseptisch und konservierend. Eine Beschränkung der Haltbarkeit gibt es, wenn Cremes und Lotionen kühl und verschlossen aufbewahrt werden, praktisch nicht.

Chris Stadtlaender

Etwas Theorie zuvor

Warum selbsthergestellte Kosmetika

Ein paar wichtige Ratschläge

Zubereitung von Tinkturen und Auszügen

Etwas über die Haut

Etwas Theorie zuvor

»Dieses Buch will Schönheit schenken!« Eine Schönheit, die mit natürlichen Mitteln erworben, gepflegt und bewahrt wird.
Eine Fülle von Rezepten aus dem Reich der Natur mit ihren wertvollen Kräften steht zur Verfügung! Oft werden Sie erstaunt überlegen, ob die hergestellte Creme oder Maske nicht auch eßbar sei und sogar gut schmecke. Das ist gar nicht so abwegig und sollte in der Kosmetik als Maßstab gelten. Denn die vielen Hauterkrankungen, die Allergien, Reizungen beweisen, daß Hautpflegemittel, die chemischer Natur sind und sich allzu weit von der wirklichen Natur entfernen, somit auch nicht eßbar sind, der Haut nicht bekommen.
Eine zweite Regel: Schönheit von Schönheit nehmen! Aus der großen Zahl herrlicher Blumen, Blüten und Pflanzen, die unser Auge erfreuen, weil sie schön sind, für unsere eigene Schönheit das Wertvolle entnehmen und es uns nutzbar machen! Es ist erstaunlich, daß dieser Gedanke in Vergessenheit geriet. Noch unsere Urgroßmütter kannten viele Geheimnisse der »Blumen-Küche« für ihre Haut- und Körperpflege. Schon in der Antike wusch man sich in Milch, salbte den Körper mit Öl, benutzte Bienenhonig zur Anfertigung von Salben und Cremes. Man kannte die guten Eigenschaften der Kräuter, Blüten und Blumen und wandte sie zur Erhaltung der Schönheit ständig an.
Heute haben wir uns, zu unserem eigenen Nachteil, viel zu weit von der Natur entfernt. Ein Fehler, den wir auf dem Gebiet der Kosmetik zum Glück noch rückgängig machen können! Lernen wir also wieder im großen Buch der Natur lesen! Machen wir uns ein Hobby daraus, mit natürlichen Hilfsmitteln von eigener Hand unsere individuellen Schönheitsmittel herzustellen! Der Erfolg bleibt ganz sicher nicht aus, denn die Natur hält immer, was sie verspricht.

Warum selbsthergestellte Kosmetika?

Diese Frage wurde mir mehrfach gestellt. Von Laien ebenso wie von Fachkosmetikerinnen.
Nach dermatologischen Forschungen ist die Zahl der durch Kosmetika ausgelösten Hautschädigungen im letzten Jahrzehnt ständig gestiegen.

Nach einer amtlichen Statistik hatten zum Beispiel die Krankenkassen der Stadt Berlin mehr als 50% hautkranke Patienten unter den 3000 Erwerbsunfähigen, die durch gewerbliche Erkrankungen arbeitsunfähig geworden waren. Dabei wurden folgende Erkrankungen der Haut festgestellt:

Ekzeme
Hautentzündungen
Einrisse
Schwielenbildungen
Flechten
Ölpickel
Rotlauf
Allgemeine Hautvergiftungen.

Dazu wären noch die unzähligen Hautallergien zu zählen, die im Kontakt mit Chemikalien, darunter auch mit Haarfärbemitteln, Dauerwellflüssigkeit, Blondiercremes etc. entstehen.

Führende Dermatologen haben immer wieder die Forderung erhoben, daß Schädigungen der Haut, der Haare, der Nägel oder der Schleimhäute unbedingt vermieden werden müßten, die insbesondere durch in der Kosmetik verwendete Roh- und Grundstoffe, Hilfsstoffe, Mixturen und ihre Zubereitung entstehen können. Die Überprüfung, vom Rohprodukt angefangen bis zum fertigen Schönheitsmittel, ist jedoch äußerst kompliziert. Schlechte Konservierung, unsachgemäße Lagerung, Verbindung ungeeigneter Rohstoffe etc. können ernsthafte Schäden verursachen, bei denen Verantwortliche nicht zur Rechenschaft gezogen werden könnten.

Hinzu kommen die unzähligen Fälle, in denen Hautkrankheiten eine Folge unsachgemäßer Zusammensetzung der Kosmetika sind bzw. durch übermäßige Konzentration von Rohstoffen oder Lösungen oder durch Überdosierung entstehen.

Auch verdorbene, mit Bakterien und Schimmelpilzen durchsetzte Kosmetika können schwerste Hautkrankheiten und Schädigungen hervorrufen! Dabei bleibt es im Endeffekt dasselbe, ob leicht verderbliche oder unzuverlässig wirkende Stoffe für den Verderb verantwortlich sind.

Keine zu großen Mengen aufheben

Meine Devise, nur kleine Mengen an Cremes für den individuellen Gebrauch herzustellen, die binnen weniger Tage verbraucht sind, stützt sich auf die vielen bekannten Fälle von Hautleiden, für die ranzig gewordene Fette allein die Ursache sind.
Allergien und individuelle Überempfindlichkeit resultieren jedoch nicht nur aus gewissen Rohstoffen oder Veränderungen von Kosmetika durch Konservierungsmittel. Oft sind auch Reize schuld, die auf zu starker oder zu schwerer Parfümierung basieren. Ich habe daher fast ausschließlich auf eine Parfümierung in meinen Rezepten verzichtet. Der Eigengeruch der verwendeten Blüten, Kräuter, Pflanzen, Rohstoffe mag genügen, weil ich auf dem Standpunkt stehe, daß es sich rächt, »die Nase zu betrügen«.
Hautärzte weisen außerdem darauf hin, daß alle Arten von Haut- und Körperpflegemitteln grundsätzlich sparsam verwendet werden sollten.
Auch durch Hyperkonsum sind Hautschädigungen möglich, angefangen von der Verstopfung der Hautporen. Leider fehlt dieser Hinweis in den meisten Gebrauchsanweisungen oder begleitenden Texten der Präparate, ebenso wie die Angabe einer Haltbarkeitsgrenze.
Es ist wie in der Medizin auch bei der Schönheitspflege. Das Motto: »Viel hilft viel« stimmt *nicht*! Im Gegenteil: die Haut reagiert auf sparsame Reize viel eher, während grobe Reize sie weit mehr dazu veranlassen, sich indifferent (oder beleidigt) zu zeigen.
Psychologisch gesehen sind daher die von mir vorgeschriebenen kleineren bis mittleren Portionen auch in dieser Richtung gut. Mit kleinen Döschen Creme wird man sparsamer umgehen als mit »Mammuttöpfen«.
Wenn wir uns die Devise zu eigen machen, daß die Haut auch nur das »essen« soll, was auch unserem Magen und unserer Verdauung bekäme, so ist damit die Richtung schon angezeigt, in der wir zu gehen haben. Nicht mit unverdaulichen Dingen wollen wir unsere Haut füttern, sondern mit appetitlichen Nahrungsmitteln: Blumen, Blüten, Pflanzen, die wir ebenso gern riechen wie schmecken, essen wie trinken möchten!

Ein paar wichtige Ratschläge

Dieses Buch will Ihnen auch sparen helfen! Hier wird mit sparsamsten Mitteln ein Höchstmaß an biologischen Pflegemöglichkeiten geboten, wie man es aus der kommerziellen Kosmetikindustrie niemals erhalten könnte.
Wir wollen aber auch sinnvoll sparen. Elektrische Waagen, Handrührgeräte oder Elektromixer, Püriermaschinen und dergleichen mehr würden die selbstbereiteten Schönheitsmittel nur unnötig verteuern.
Wir brauchen nur ein paar Holzspatel, einige luftdicht abschließende Glasbehälter, zwei, drei braune Apothekerfläschchen – und im übrigen die Utensilien, die wir auch in der normalen Küche benutzen. Sind ohnedies elektrische Geräte vorhanden, um so besser. Doch eigens für die Kosmetikherstellung alles anzuschaffen wäre nicht im Sinne dieses Buches.
Metallene Gefäße eignen sich nicht für die Kosmetik-Küche! Besser sind beschichtete Töpfe und Tiegel, Emaillegeschirr, feuerfestes Glas oder Porzellan.
Außerdem: die Rezepte wurden so einfach wie möglich gehalten. Kosmetikherstellung von eigener Hand soll Freude machen und Erfolg bringen. Kompliziert sein soll sie nicht. Mit anderen Worten: die Mengenangaben dürfen ruhig ein wenig variieren, das ist kein Malheur! Hier wird mit Zusätzen gearbeitet, die unschädlich und ungefährlich sind. Die Bekömmlichkeit und der Erfolg werden durch kleine Schwankungen nicht in Frage gestellt. Ist eine Creme zu dünnflüssig geraten, so ist auch das kein Problem. Beim nächsten Versuch wird sie besser gelingen.
Zu empfehlen ist vielleicht die Anschaffung einer Briefwaage, um die kleinen Quantitäten abzuwiegen. Wenn keine vorhanden ist, genügt die alte Methode unserer tüchtigen Vorfahrinnen: eine Messerspitze, ein Kaffeelöffel, eine Tasse voll – auch das sind Mengenbezeichnungen, die uns weiterhelfen.
Beachten Sie auch, daß wir hier ohne Konservierungsmittel arbeiten! Unsere Schönheitsküche sollte daher stets hervorragend sauber und hygienisch einwandfrei sein. Reinigen Sie *vor* und *nach* dem Gebrauch alle zur Kosmetikzubereitung benutzten Gefäße, Töpfe und sonstigen Utensilien gründlich in fließendem heißem Wasser, unter Zuhilfenahme

von Wasch- und Putzmitteln, wie Sie diese für Ihre normale Küche auch benutzen.
Unsere selbstbereiteten Kosmetika sind natürlich nur eine begrenzte Zeit haltbar, höchstens eine Woche lang. Die Portionen sind entsprechend bemessen. Ausnahmen bestätigen auch hier die Regel: Die Kräutermischungen, die wir in größeren Mengen aufheben, sollen luftig verwahrt werden. Dann sind sie fast unbegrenzt haltbar.
Lassen Sie Cremedosen, Flaschen, Flacons *niemals* offen herumstehen! Verschließen Sie diese gleich nach Entnahme der benötigten Portion und stellen Sie sie in den Kühlschrank zurück.
Gewöhnen Sie sich an, Ihre Cremes, Salben, Balsame usw. *nur* und ausschließlich mit einem Spatel oder Eislöffelchen zu entnehmen, keinesfalls jedoch mit den Fingern. Durch Unreinlichkeit und nachlässiges Verhalten schleppen Sie Schimmelpilze und Bakterien in die Körperpflegemittel ein, die deren Haltbarkeit und Wirksamkeit entscheidend beeinträchtigen und Ihnen womöglich Ekzeme, Hautreizungen oder Schlimmeres eintragen.
Stellen Sie Kosmetika im Kühlschrank immer separat, nie jedoch neben starkriechende Lebensmittel oder andere Stoffe. Käse gehört nicht neben ein zart duftendes Cremedöschen!

Zubereitung von Tinkturen und Auszügen

Heilpflanzentinkturen

können Sie selbst herstellen oder beim Apotheker kaufen. Sie werden tropfenweise gewissen Hauptpflegemitteln zugefügt. Solche Tinkturen waren früher in jedem Haushalt vorhanden. Sie wurden sowohl innerlich als auch äußerlich angewandt. Hier das Grundrezept:

100 g feingeschnittene Heilpflanzen (Blüten, Kraut oder Wurzeln)
½ l destilliertes Wasser
¾ l Alkohol 95%

Die Heilpflanzen werden in eine breite Schale aus Porzellan oder Glas eingeschichtet, das destillierte Wasser auf ca. 70 Grad erhitzt und dar-

über gegossen. Das Gemisch 24 Stunden unter öfterem Umrühren (kein Metall!) ziehen lassen. Dann kommt der Alkohol hinzu. Nun muß die Mischung sieben Tage unter gelegentlichem Umrühren, zugedeckt, ziehen. Danach gießt man die Flüssigkeit ab, drückt die Pflanzenrückstände kräftig aus und gibt sie hinzu. Man kann nochmals durch Kaffeefilterpapier gießen.
Die fertige Tinktur wird in verschließbare Flaschen gegeben und ist, kühl aufgehoben, lange haltbar.

Heilpflanzenauszüge

Eine andere Art, sich die Wirkung von Heilpflanzen nutzbar zu machen, besteht darin, die Heilpflanzen in Öl ausziehen zu lassen. Diese Form eignet sich vor allem für kosmetische Verwendung. Öle für die allgemeine Körperpflege, Hautreinigungsmittel, Hautschutzöle, pflegende, nährende, aufbauende Öle, solche zur Entfernung und Milderung von Falten und Runzeln lassen sich hieraus bereiten. Die Zubereitung ist sehr einfach, hier das Grundrezept:

100 g Heilpflanzen
(je nachdem Blüten,
Blätter oder Wurzeln)

1000 g reines Pflanzenöl

Zubereitung: Das konservierte Pflanzenöl (aus Apotheke oder Reformhaus) auf ca. 60 Grad erwärmen.
Die Heilpflanzenanteile oder -blüten werden fein geschnitten, gut miteinander vermengt, dann in einem Gefäß mit weiter Öffnung eingeschichtet und das Öl darüber gegossen. Es soll noch warm sein.
Unter täglichem Umrühren bleibt das Gemisch eine Woche lang stehen. Danach wird es durch Kaffeefilter gegossen und der Rückstand leicht ausgepreßt.
Diesen Heilpflanzenauszug gießt man in braungefärbte Apothekerflaschen. Verschlossen – geschützt vor Wärme und Sonnenbestrahlung – aufbewahren.

Etwas über die Haut

Unsere Haut ist nicht nur unser Aushängeschild. Sie ist außerdem der Gradmesser unserer Gesundheit, unseres Alters, unserer körperlichen Verfassung. Für den Fachmann ist sie ein Relief; mit normalen Augen gesehen aber ist sie – bestenfalls – glatt, rein, faltenlos. Krankheit, Kummer, Freude und Leid zeigen sich zuerst auf unserer Haut. Die Zahl der wichtigen Funktionen aber ist viel größer: sie ist Ausscheidungsorgan; sie reguliert die Körperwärme; sie vermittelt Reize aus der Außenwelt, leitet sie zum Gehirn, zu anderen Organen; sie schützt in ihrer Elastizität vor Druck und Stoß von außen; sie bewahrt vor schädigender Lichteinwirkung durch Bildung von Pigment; sie scheidet Wasser und Giftstoffe aus. Usw. usw. usw.
Und sie ist ein reines Wunderwerk der Natur! Denn unsere »dünne« Haut besteht aus vielen Schichten. Hier sei nur von den drei wichtigsten die Rede: von Oberhaut oder Epidermis, von Lederhaut oder Cutis und vom Unterhautfettgewebe. In ihrer untersten Schicht, der Keimschicht, bilden sich ständig neue Zellen, die nach oben wandern und dort schließlich absterben. Dann fallen sie ab oder werden durch mechanische Reize – Waschen, Frottieren – entfernt.

Der Säuremantel

Dem Schutz unserer Haut vor dem Eindringen von Bakterien dient der Säuremantel. Er liegt der Haut lückenlos auf, wenn sie gesund ist. Heute schädigen jedoch viele äußere Einflüsse diesen Säuremantel. Vor allem das übermäßige Waschen mit scharfen Seifen, das häufige Duschen und Besprühen mit schweißhemmenden Stoffen schädigen den Säuremantel beträchtlich. Dann ist die Haut schutzlos, Bakterien dringen ein, verursachen Entzündungen, Mitesser, Pusteln, Abszesse und schwerere, langanhaltende Hautleiden.
Der Schutz dieser »Hautpolizei« ist also vordringlichstes Gebot einer sinnvollen Hautpflege. Ihm dienen die vernünftige Reinigung mit hautschonenden Seifen und die Behandlung mit »sauren« Wässern und Lotionen, die dem natürlichen Säuregrad der Haut angepaßt sind.

Die Hauttypen

Eine einheitliche Haut gibt es nicht. Jeder steckt in seiner ganz speziellen, »eigenen« Haut. Und da unterscheiden wir wiederum einige Typen:

- die normale Haut
- die trockene Haut
- die fette Haut
- die Mischhaut
- die kranke Haut
- die alternde Haut.

Normale Haut ist fast eine Seltenheit. Nicht einmal unter jungen Menschen ist sie heute noch selbstverständlich. Sie ist feinporig, glatt, ebenmäßig getönt, weich, faltenlos, reizlos – mit einem Wort: gesund.
Trockene Haut ist meist sehr dünn, zart, fett- und wasserarm, sehr sensibel, neigt zu Reizungen, Rötungen, Schuppenbildung, zeigt früh Falten und Runzeln sowie »geplatzte Äderchen«.
Fette Haut ist glänzend, stellenweise schlecht durchblutet, dick, grau, mit großen Poren, Unreinheiten, Mitessern, Pickeln, dafür weniger zu Falten und Runzeln neigend.
Mischhaut zeigt fettige Haut auf Stirn, Nase, Kinn, trockene im übrigen Teil des Gesichtes. Diese Hautart ist sehr empfindlich, neigt auch zu Allergien und chronischen Leiden.
Kranke Haut ist heute keine Seltenheit mehr. Von Reizungen, Ekzemen, Pigmentveränderungen, Schwellungen bis zu Verätzungen und abnormen Verhornungen reicht die Palette der Hauterkrankungen, die zum Teil durch ungeeignete Rohstoffe, verdorbene Kosmetika, unzuverlässig wirkende Stoffe in Hautpflegemitteln entstehen. Wenn wir bedenken, daß sogar Gallenblasenreizungen, Beeinflussung der Schilddrüsentätigkeit, Nierenschädigungen und innerliche Vergiftungen durch schädliche Inhalte von Pflege- und Färbemitteln auftreten können, ist der Begriff der »schützenden, intakten Haut« um so klarer gekennzeichnet!

Ein einfacher Hauttest

Unterziehen Sie Ihre Haut einem ganz simplen Test! Nachdem Sie das Gesicht wie üblich mit einer Reinigungscreme oder -lotion abge-

schminkt haben, warten Sie noch eine halbe Stunde. Dann drücken Sie ein Stück dünnes Seidenpapier kurz und fest auf die gesamte Fläche Ihres Gesichtes. Nehmen Sie es ab und sehen Sie, was es aussagt:
Bei fetter Haut haben sich überall Fettflecke gebildet.
Bei Mischhaut konzentrieren sich Fettflecke nur auf einige Stellen.
Zeigt sich kein Fett auf dem Papier, so haben Sie entweder eine trockene oder völlig normale Haut.

Die milde Reinigung

Seifen

Köstliche Honigseife
Echte Mandel-Honig-Schönheitsseife
Türkische Prinzessinnen-Seife

Reinigungsmilch

Avocado-Reinigungsmilch
Buttermilchreinigung
Kamillen-Hautmilch zur Reinigung
Mandelmilch
Petersilien-Reinigungsmilch

Andere Reinigungsmittel

Buttermilch-Reinigungspaste
Intimkräuter-Spülung
Intim-Pflegeöl
Mandel-Reinigungsgelee
Reinigungssahne
Milch-Mandelkleie
Rosen-Reinigungscreme

Die milde Reinigung

Scharfe Reinigungsmittel und Seifen schaden der Haut mehr, als sie ihr nutzen. Bei häufigem Waschen zerstören sie den Säuremantel der Haut. Es kann zu Reizungen, Ausschlägen, Entzündungen kommen.
Feine, milde Seife braucht nicht heftig zu schäumen, um zu reinigen. Was sie so wertvoll macht, ist das Fehlen von Chemikalien sowie der Zusatz von pflegendem Öl. Dadurch entsteht ein Rückfettungseffekt, der die Haut weich und elastisch erhält, Entzündungen, Risse und Schrunden zum Abheilen bringt.

Seifen

Köstliche Honigseife

150 g gelbes Bienenwachs,
60 g weiße Toiletteseife,
20 g süßes Mandelöl,
1 Eßlöffel Bienenhonig,
50 g Rosenwasser

Besonders nährend und pflegend ist Seife mit Bienenhonig. Ganz ausgezeichnet wirkt sie auf strapazierte Hände. Aber auch die reife, feine, sensible Haut freut sich über die Reinigung mit den Wirkstoffen des echten Bienenhonigs.
Im heißen Wasserbad werden Wachs und feingeschnitzelte Seife zusammengeschmolzen. Das Mandelöl und das erwärmte Rosenwasser werden untergerührt. Man nimmt die Masse vom Feuer, mischt unter Rühren kurz vor dem Erkalten den Bienenhonig bei.
Man kann kleine runde Bällchen formen und in Seidenpapier einschlagen. Hübsch ist auch (für Geschenkzwecke), die Masse auf einer gefetteten Glas- oder Marmortafel mit dem Nudelholz auszurollen, mit Lebkuchenförmchen oder Modeln auszustechen oder Abgüsse zu machen.

Echte Mandel-Honig-Schönheitsseife

1 Stange Rasierseife weiß,
1 Eßlöffel Rosenwasser,
1 Eßlöffel Bienenhonig,
1 Eßlöffel Lanolin,
1 Tropfen Bittermandelöl

Rote, rissige Hände, feine Babyhaut, übersensible, zu Reizungen neigende Haut sind dankbar für eine Seife mit Mandel, Bienenhonig und Lanolin.
Dafür schnitzelt man wieder ein Stück Seife fein.
Die Seife wird in einer Porzellanschale zusammen mit dem Rosenwasser im heißen Wasserbad geschmolzen. Lanolin und Bittermandelöl kommen unter Rühren dazu. Dann vom Feuer nehmen, unter Rühren erkalten lassen und den Bienenhonig beifügen.
Man gießt die Seife auf eine eingeölte Marmor- oder Glasplatte und läßt sie völlig erstarren. Dann schneidet man sie in Würfel oder Taler.

Türkische Prinzessinnen-Seife

1 Stück weiße Babyseife,
30 g süßes Mandelöl,
200 g Hafermehl oder Mandelkleie

Die Babyseife wird ganz fein geschnitzelt. Man gibt sie in ein Porzellangefäß, bedeckt sie knapp mit kaltem Wasser und läßt sie eine Nacht stehen. Morgens wird sie im heißen Wasserbad zum Schmelzen gebracht. Nun fügt man unter Rühren das Mandelöl hinzu. Dann arbeitet man Hafermehl oder Mandelkleie unter. Bis zum Erkalten weiterrühren. Noch warm werden kleine Bällchen aus der Masse geformt.
Diese Seife ist hervorragend zur Reinigung und Pflege überempfindlicher Haut geeignet. Auch fettige, unreine, gereizte Haut wird bei längerem Gebrauch normalisiert.

Reinigungsmilch

Avocado-Reinigungsmilch

40 g Avocadoöl,
180 g Rosenwasser,
1 Teelöffel Milchin-Pulver,
10 g Trockenmagermilch

Sehr beliebt sind auch milchartige Reinigungsflüssigkeiten, die reinigend und pflegend zugleich wirken. Hier eine Reinigungsmilch mit dem wertvollen Avocadoöl.
Milchin-Pulver und Trockenmagermilch werden im angewärmten Rosenwasser aufgelöst, das Avocadoöl wird hinzugefügt, tüchtig durchgeschüttelt und das Ganze in eine braune Apothekerflasche gefüllt. Gut verschließen.
Durch die wertvollen Vitalstoffe und Vitamine im Avocadoöl, verbunden mit den im Milchin enthaltenen Fermenten des Joghurt, ist diese Reinigungsmilch hervorragend für trockene, faltige, fettarme Haut geeignet. Sie fettet zurück. An Vitaminen enthält das Avocadoöl übrigens das Vitamin A, B_1, B_2, D, G und E, K, H und PP-Faktoren.

Buttermilchreinigung

1 Schälchen frische Buttermilch,
1 Wattebausch

Die Haut von Gesicht, Hals und Dekolleté sollte möglichst ganz ohne Seife gereinigt werden. Sehr gut eignet sich hierfür unsere Buttermilch.
Man tränkt den Wattebausch in der Buttermilch und reinigt damit die Haut in sanften Strichen aufwärts, vom Dekolleté beginnend.
Diese Reinigung ist intensiv. Sie stärkt gleichzeitig den Säuremantel der Haut gegen Schmutz und schädliche Einflüsse aus der Umwelt.

Kamillen-Hautmilch zur Reinigung

45 g feine weiße Rasierseife,
1 Tasse destilliertes Wasser,
35 g Olivenöl,
30 g süßes Mandelöl,
10 g Kamillenblüten,
1 Tasse Wasser für Kamillentee

Die Seife fein schnitzeln. In hohem Plastik- oder Porzellangefäß mit dem destillierten Wasser begießen, eine Nacht stehenlassen. Danach unter Rühren im Wasserbad erhitzen, bis alles gelöst ist. In die etwas abgekühlte Masse Oliven- oder Mandelöl einrühren. Kamillentee kochen, durchfiltern, noch warm zu der Masse rühren. Noch warm in Porzellangefäß mit Deckel gießen und kühl aufbewahren.
Kamillen-Hautmilch reinigt schonend. Sie besänftigt sensible, gereizte Haut, nährt, pflegt und glättet.

Mandelmilch

50 g geriebene süße Mandeln oder Mandelmus,
35 g Glyzerin,
75 g Rosenwasser,
10 g Milchin-Pulver

Die geriebenen süßen Mandeln (oder das Mandelmus) werden unter ständigem Rühren mit dem Glyzerin vermischt. Das Rosenwasser wird erwärmt und portionsweise mit dem Milchin-Pulver zusammengerührt. Noch warm gibt man das Gemisch zur Fettschmelze. Bis zum völligen Erkalten muß gut gerührt werden. Man kann die gewonnene Mandelmilch noch durch ein Haarsieb oder Mulltuch filtern.
Diese Mandelmilch ist noch echt, während alle im Handel befindlichen, mit wenigen Ausnahmen, künstliche Mischungen sind.
Mandelmilch war wohl das älteste Kosmetikum. Sie kann zur Reinigung, zum Nähren, Pflegen und Glätten der Haut angewendet werden. Sie hält sich in braunen Apothekerfläschchen, gut verschlossen und kühl aufgehoben, einige Wochen lang frisch.
Man gibt Mandelmilch zur Hautreinigung auf einen angefeuchteten Wattebausch und fährt damit, am Halsansatz des Dekolletés beginnend, in sanftem Strich bis zur Stirn hinauf. Zur Hautpflege wird Mandelmilch

nach der Reinigung mit den Fingerspitzen leicht auf die einzelnen Partien eingeklopft. Weder dehnen noch zerren!

Petersilien-Reinigungsmilch

50 g Olivenöl,
30 g süßes Mandelöl,
50 g Lanolin,
1 Eßlöffel gehackte frische Petersilie

Die gehackte Petersilie in verschließbarem Glas mit Olivenöl übergießen, eine Woche lang verschlossen ziehen lassen, dann durchfiltern. Pflanzenrückstand ausdrücken, dazugeben. Olivenöl, Mandelöl und Lanolin im heißen Wasserbad zusammenschmelzen.
Eine milde, reinigende und pflegende Milch, zartschmelzend, speziell für die sehr sensible, zu Rötungen neigende Haut.

Andere Reinigungsmittel

Buttermilch-Reinigungspaste

35 g Mandelkleie,
1 Messerspitze Agar-Agar,
1 ungespritzte Zitronenschale, abgerieben und getrocknet,
½ Tasse frische Buttermilch

Schlaffe, reife und schlecht durchblutete Haut braucht die anregende Behandlung, die vorteilhaft schon mit der Reinigung beginnt. Diese Form der Reinigung löst abgestorbene Hautzellen ab, strafft erschlaffte Konturen, führt frisches Blut in blasse, fahle Hautpartien.
Die ersten drei Zutaten gut mischen, mit der Buttermilch zu einer glatten Paste verrühren. Nach Bedarf noch Buttermilch zufügen.

Intim-Kräuterspülung

30 g Lavendelblüten,
10 g Rosmarin,
10 g Salbei,
5 g Eukalyptusblätter,
10 g Pfefferminze,
10 g Bockshornklee

Die Kräuter werden zerkleinert und untereinander fein gemischt. Man bewahrt sie in Batist- oder Leinenbeuteln, luftig aufgehängt.
Zum jeweiligen Gebrauch wird 1 Eßlöffel Kräutermischung auf 1 l kochendes Wasser dosiert. Die Kräuter werden mit dem sprudelnd kochenden Wasser übergossen. Sie müssen bis zum Erkalten zugedeckt ausziehen. Dann filtert man sie ab und drückt die Pflanzenrückstände kräftig aus, die man zum gewonnenen Extrakt gibt. Bei der Anwendung soll die Kräuterspülung Körpertemperatur haben. Sie wird speziell an Tagen des Unwohlseins, jedoch auch im Sommer und bei Katarrhen oder Entzündungen im Intimbereich als Waschung benutzt. Nach Maßgabe und Erlaubnis des Arztes darf die Kräuterspülung auch intern angewandt werden.
Diese Spülung ist mild und angenehm. Sie wirkt leicht zusammenziehend. Dabei hat sie hervorragend geruchshemmende und erfrischende Eigenschaften.

Intim-Pflegeöl

30 g Schafgarbe,
30 g Salbei,
20 g Weidenblätter,
10 g Kamillenblüten,
10 g Bärentraubenblätter,
100 g reines Olivenöl,
10 g Avocadoöl,
2 Tropfen Lavendelöl

Die verschiedenen Teesorten werden gut untereinander gemischt und mit dem Olivenöl übergossen, das vorher erhitzt wurde (etwa 70 °). In einer weithalsigen Flasche läßt man das Gemisch etwa eine Woche lang ziehen. Dabei soll immer wieder gerührt werden, bis alles von Öl durchtränkt ist.
Danach filtert man ab, preßt den Pflanzenrückstand zu dem gewonnenen Öl, rührt das Avocadoöl und das parfümierende Lavendelöl unter und gießt das Ganze in braune Apothekerflaschen.

Zur Intimwaschung werden 2 bis 3 Tropfen des Öls auf angefeuchtete Watte gegeben. Während der Menstruation gibt man einige Tropfen auf die Monatsbinde zur Imprägnierung und Geruchshemmung.
Die Wirkung ist angenehm und nachhaltig. Man kann sich nach Anwendung des Pflegeöls viele Stunden völlig sicher fühlen.

Mandel-Reinigungsgelee

50 g geriebene süße Mandeln oder Mandelmus,
125 g Rosenwasser,
1 Messerspitze Milchin-Pulver,
1 Messerspitze Agar-Agar

Die feinstgeriebenen Mandeln oder das Mandelmus mit dem erwärmten Rosenwasser glattrühren, Milchin-Pulver und Agar-Agar zufügen. So lange rühren, bis das Gemisch sämig wird. In Glas- oder Porzellangefäß verschlossen und kühl aufheben.
Jeweils etwas Reinigungsgelee auf die angefeuchteten Hände geben und damit in sanften Strichen die Haut reinigen.
Nährend und besänftigend für leicht gereizte Haut.

Reinigungssahne

2 Eßlöffel Magermilchpulver,
1 Kaffeelöffel Milchin-Pulver
1 Messerspitze Agar-Agar,
1/8 l Rosenwasser,
4 Kaffeelöffel süßes Mandelöl

Magermilchpulver und Milchin mit dem Agar-Agar mischen, in das erwärmte Rosenwasser rühren. Das erwärmte Mandelöl unter ständigem Rühren dazugeben. In verschließbarem Fläschchen aufheben. Vor jedem Gebrauch gut durchschütteln.
Gesicht, Hals und Dekolleté mit der Sahne einfetten, mit reichlich warmem Wasser abnehmen.
Die Haut wird durch diese Sahne gereinigt, geschützt und durchfettet.

Milch-Mandelkleie

100 g Weizenkeimmehl,
50 g Sojavollmehl,
50 g Mandelkleie,
10 g Milchin-Pulver,
5 Tropfen Bittermandelöl

Alle Zutaten gut miteinander mischen. In gut verschließbarer Porzellan- oder Glasdose aufheben.
Man mischt jeweils eine Portion Milch-Mandelkleie in der hohlen Hand mit etwas warmem Wasser, so daß ein Brei entsteht, den man auf der Haut verteilt. In kreisenden Bewegungen wird die Haut gereinigt. Mit Wasser abspülen.
Schuppige Haut wird glatt, fahle, schlaffe Haut gewinnt an Frische und Spannkraft bei regelmäßigem Gebrauch dieser Milch-Mandelkleie.

Rosen-Reinigungscreme

25 g Lanolin,
25 g Walrat,
30 g Kakaobutter,
10 g Glyzerin,
100 g destilliertes Wasser,
20 g Rosenwasser

Hier das Rezept für eine äußerst feine Reinigungscreme, die sich vorzüglich für die Augenpartie eignet. Auch trockene, schuppige Haut wird am besten mit dieser idealen Abschminkcreme gereinigt.
Die ersten drei Zutaten werden im heißen Wasserbad unter Rühren zusammengeschmolzen. Es folgt das Glyzerin. Das erwärmte destillierte Wasser und das Rosenwasser unter die erkaltende Masse rühren.

Zur Erfrischung

Gesichtswässer und Lotionen

Apfel-Zitronen-Lotion
Brunnenkresse-Honigwasser
Hamamelis-Wasser
Honig-Hamamelis-Lotion
Honig-Tonicwater
Lavendel-Geist
Lavendelwasser
Rosmarin-Adstringens
Rosenhonig-Gesichtswasser
Einfaches Rosenwasser
Rosenwasser-Lotion
Rosen-Zitronen-Lotion
Vitamin-C-Tonikum
Weintrauben-Moisturizer

Toilette-Essig

Aromatischer Toilette-Essig
Rosen-Toilette-Essig

Duftstoffe

Nostalgischer Duftpomander
Duftpomander anderer Art
Zimtparfüm

Zur Erfrischung

Ist die Haut gründlich gereinigt, soll sie erfrischt werden. Damit wird zugleich erreicht, daß sich die Poren zusammenziehen und der Säuremantel der Haut wiederhergestellt wird.
Selbstbereitete Lotionen und Wässer ohne Konservierungsmittel werden möglichst im Kühlschrank aufgehoben. Sie halten sich durchschnittlich eine Woche lang.

Gesichtswässer und Lotionen

Apfel-Zitronen-Lotion

1 säuerlicher Apfel,
2 Eßlöffel Zitronensaft,
50 g Orangenblütenwasser

Der gereinigte Apfel wird mit der Schale gerieben, der Brei durch ein dünnes Flortuch oder Haarsieb gepreßt. Den Zitronensaft beifügen und mit dem Orangenblütenwasser auffüllen.
In braunen Apothekerfläschchen kühl aufheben.
Besonders wirksam bei unreinem Teint, Sommersprossen, verfärbten Händen und Altersflecken. Regelmäßig auftupfen und einziehen lassen. Nicht abwaschen!

Brunnenkresse-Honigwasser

1 Teelöffel Bienenhonig,
3 Eßlöffel Brunnenkressesaft,
1 Teelöffel destilliertes Wasser

Die Brunnenkresse enthält u. a. schwefelhaltiges ätherisches Öl und Vitamin C. Dadurch eignet sie sich zur Behandlung von Hautverfärbungen.
Die Zutaten werden miteinander vermischt. Man streicht sie auf die verfärbten Hautstellen, wie zum Beispiel Altersflecken auf den Händen, läßt sie ein bis zwei Stunden wirken und nimmt das Brunnenkresse-Honigwasser dann mit frischer Milch ab.

Hamamelis-Wasser

50 g Hamamelisblätter und -rinde, zerkleinert,
¾ l Apfel- oder Gärungsessig,
1 l destilliertes Wasser

Die Hamamelisblätter und -rinde werden in einer bauchigen Flasche mit dem Essig übergossen. Gut verschlossen ca. drei Wochen ziehen lassen.
Durchfiltern, destilliertes Wasser dazu und in braunen Apothekerflaschen kühl aufbewahren.
Hamamelis regt alle Hautfunktionen an, wirkt zusammenziehend und erfrischend. Dieses Hamamelis-Wasser ist wirksam auch gegen Erschlaffung, große Poren und schlechte Hautfarbe.

Honig-Hamamelis-Lotion

¼ l Hamamelis-Wasser,
1 Eßlöffel Bienenhonig

Beide Zutaten werden in braunen Apothekerfläschchen gut zusammengeschüttelt. Man hebt sie verschlossen und kühl auf.
Hamamelis oder »Virginischer Zauberstrauch« hat entzündungshemmende, zusammenziehende Wirkung. Diese wird verstärkt durch den Bienenhonigzusatz.

Honig-Tonicwater

1 Eßlöffel Bienenhonig,
1 Tasse destilliertes Wasser,
1 Eßlöffel Zitronensaft

Alle Zutaten werden in passender Flasche gut zusammengeschüttelt. Man verschließt und hebt kühl auf.
Dieses Honig-Tonicwater wirkt klärend und reinigend. Blasse, fahle Haut wird frischer. Es verleiht eine gute Hautfarbe.

Lavendel-Geist

100 g frische oder
50 g getrocknete
Lavendelblüten,
½ l Alkohol 90%,
⅛ l destilliertes Wasser

Die Lavendelblüten in eine weitbauchige Flasche oder Karaffe geben, Alkohol übergießen, gut verschlossen drei bis vier Wochen ausziehen lassen.
Danach abfiltern und mit dem destillierten Wasser auffüllen.
Der Lavendel-Geist wird verschlossen aufgehoben.
Er wirkt erfrischend, belebend, gegen große Poren, fettige, unreine und schlaffe Haut.

Lavendelwasser

30 g getrocknete
Lavendelblüten,
100 g Alkohol 50%,
1 l destilliertes Wasser

Die Lavendelblüten gibt man in eine weitbauchige Flasche oder einen Glasbehälter mit Verschluß. Der Alkohol wird übergegossen. Man läßt das Gemisch etwa vier Wochen lang luftdicht verschlossen an dunklem Ort ziehen.
Danach filtert man und gibt den ausgepreßten Blütenrückstand weg.
Der gewonnene Lavendelalkohol wird mit dem destillierten Wasser vermischt und verschlossen aufgehoben.
Lavendelwasser kannten schon unsere Urgroßmütter. Bei großen Poren, fettiger Haut und zur Erfrischung im Waschwasser bestens geeignet.

Rosmarin-Adstringens
(Ungarn-Wasser der Königin Isabella)

10 g Rosmarinöl,
½ l verdünnter Weingeist 70%,
10 g Lavendelöl,
150 g Orangenblütenwasser,
10 g Pfefferminze, getrocknet,
2 naturbelassene, ungespritzte Zitronenschalen

Die Zitronenschalen (ohne weißes Häutchen) in feinste Stifte schneiden. Das Rosmarinöl mit dem Weingeist mischen. Das Lavendelöl unter Rühren zugeben, ebenfalls die Pfefferminze. Dann die Zitronenschale und das Orangenblütenwasser. Alles in einer flachen Schale aufstellen, die mit Alufolie zugebunden wird. An warmem Ort ca. fünf Tage durchziehen lassen. Danach abfiltern, Pflanzenrückstand auspressen, dazugeben. In braunen Flaschen, gut verschlossen aufbewahren.
Wie sein Name sagt, ist dieses Wasser adstringierend. Es zieht große Poren zusammen, wirkt erfrischend, kühlend, normalisiert die fettige Haut.

Rosenhonig-Gesichtswasser

20 g Bienenhonig,
100 g Rosenwasser,
50 g Alkohol 50%,
1 Eßlöffel Zitronensaft

Alle Zutaten in weiter Flasche oder Flacon miteinander verschütteln und verschlossen aufheben.
Das Rosenhonig-Gesichtswasser kräftigt die Haut, durchblutet sie, wirkt straffend und klärend für alle Hauttypen. Sehr gut für die müde und reife Haut geeignet. Einige Tropfen auf den angefeuchteten Wattebausch geben und damit sanft die Haut abreiben.

Einfaches Rosenwasser

500 g duftende Rosenblätter,
3/4 l destilliertes Wasser

Die Hälfte der Rosenblätter, die frisch sein müssen, in ein feuerfestes Glas geben, mit Wasser bedecken und auf kleinster Flamme erhitzen, jedoch nicht kochen lassen. Mit hölzernem (keinesfalls metallenem oder silbernem) Löffel die Rosenblätter entfernen. In dasselbe Wasser die zweite Hälfte Rosenblätter einschichten. Wieder erhitzen, jedoch nicht kochen. Abkühlen lassen und durchfiltern.
Das Rosenwasser kühl und verschlossen aufheben.
Bei schlaffer Haut und geschwollenen Augenlidern (Tränensäcken) als Kompresse auflegen.

Rosenwasser-Lotion

100 g Rosenwasser,
50 g Orangenblütenwasser,
10 g Alkohol 50%

Die Zutaten zusammenschütteln und in bräunlicher Flasche verschlossen und kühl aufheben.
Diese Lotion ist äußerst erfrischend. Sie kann auch zur Hautreinigung benutzt werden. Bei Unwohlsein und Migräne Nacken, Schläfen, Stirn damit betupfen.

Rosen-Zitronen-Lotion

2 Handvoll frische Rosenblätter (von Duftrosen),
¼ l destilliertes Wasser,
1 Eßlöffel Zitronensaft

Das destillierte Wasser erwärmen, über die Rosenblätter gießen und diese zugedeckt an warmem Ort mindestens 36 Stunden ziehen lassen.
Dann durch Batisttüchlein oder Kaffeefilterpapier gießen und die Rosenblätter gut auspressen. Den Zitronensaft zufügen.
Gut verschlossen und kühl aufbewahren.
Ein paar Tropfen auf den angefeuchteten Wattebausch genügen, um die Haut nachhaltig zu erfrischen.

Vitamin-C-Tonikum

20 g Salbeiblätter, feingeschnitten,
10 g Fenchelsamen, gequetscht,
10 g Rosmarinblätter mit Blüten, feingeschnitten,
10 g Stiefmütterchen, feingeschnitten,
150 g Alkohol 95%,
300 g Wein- oder Gärungsessig,
200 g destilliertes Wasser,
200 g Orangenblütenwasser

Salbeiblätter, Fenchelsamen, Rosmarinblätter, Stiefmütterchen mit 50 g Alkohol übergießen. In einem Porzellan- oder Glasgefäß eine

Nacht lang ziehen lassen. Danach den Wein- oder Gärungsessig übergießen. Gut durchrühren! Wieder eine Nacht lang ziehen lassen. Danach den restlichen Alkohol zugeben, auch das destillierte Wasser und das Orangenblütenwasser. Nochmals umrühren. Nun durch Filtertuch oder -papier gießen. Kräuterrückstand auspressen.
Gut verschlossen kühl aufheben.
Dieses Tonikum wirkt kräftigend, zusammenziehend, entfettend, normalisierend für jeden Hauttyp.

Weintrauben-Moisturizer

15 reife Weintrauben,
1 Eßlöffel süßes Mandelöl,
1 Tasse destilliertes Wasser

Die Trauben werden durch ein Haarsieb oder den Entsafter gedrückt. Der gewonnene Saft wird mit dem erwärmten destillierten Wasser vermischt. Danach das Mandelöl dazugeschüttelt. In Porzellantöpfchen füllen und verschlossen kühl aufheben.
Nach der Reinigung der Haut den Trauben-Moisturizer (Befeuchter) auftupfen, bevor die gewohnte Creme aufgelegt wird.
Vor dem Gebrauch etwas schütteln, da sich das Mandelöl von der Flüssigkeit trennt, was jedoch der Wirksamkeit durchaus nicht schadet.

Toilette-Essig

Aromatischer Toilette-Essig

2 Eßlöffel getrocknete Rosmarinblätter,
2 Eßlöffel getrockneter Salbei,
2 Eßlöffel getrocknete Lavendelblüten,
1 Teelöffel zerkleinerte Gewürznelken,
½ l Wein- oder Apfelessig,
¼ l destilliertes Wasser oder Rosenwasser

Toilette-Essig ist wieder in Mode gekommen, weil seine Säure den wichtigen Säuremantel der Haut stärkt bzw. wiederherstellt.

Alle Zutaten in bauchiger Karaffe aufeinanderschichten, mit dem Essig übergießen und luftdicht verschlossen etwa zwei Wochen in der Sonne ausziehen lassen. Danach abfiltern, Pflanzenrückstand auspressen. Destilliertes oder Rosenwasser dazugießen. Kühl und verschlossen aufheben.
Hervorragend geeignet zur Erfrischung der Haut, bei fettiger Haut, großen Poren, Unreinheiten. Auch für »ihn« nach der Rasur.

Rosen-Toilette-Essig

25 rote und rosa Duftrosen in Blättern,
⅛ l Apfelessig,
⅛ l destilliertes Wasser

Die Rosenblätter werden dicht aufeinandergelegt in weitbauchiger Kristallflasche mit festem Verschluß (oder großem Parfümflacon). Apfelessig und destilliertes Wasser werden etwas erwärmt und darüber gegossen.
An kühlem, dunklem Ort müssen die Rosenblätter ausziehen, wobei das Gefäß fest verschlossen sein soll. Danach gießt man die Flüssigkeit durch ein Tuch oder Kaffeefilterpapier, quetscht die Rosenblätter aus und gibt den Extrakt dazu.
Vorzüglich auch bei Unreinheiten, Mitessern und großen Poren.

Duftstoffe

Nostalgischer Duftpomander

1 mittelgroße dickschalige Orange,
50 Gewürznelken

Die frische Orange wird ganz dicht rundherum mit den Gewürznelken besteckt. Es darf kaum Platz zwischen den Gewürznelken übrig sein. Man legt die Orange frei im Zimmer hin, damit sie ihren aromatischen Duft entfaltet. Als »Pomander« war diese Art von Luftverbesserer schon unseren Vorfahren bestens bekannt.
Ein »Raumspray«, der keinerlei Allergien und Hautreizungen auslösen kann.

Duftpomander anderer Art

*1 fleischige, dick-
schalige Orange,
50 Gewürznelken,
10 g Zimtborke,
10 g Sandelholz,
10 g Schwertlilienwurzel,
50 g Alkohol 90%*

Zimtborke, Sandelholz, Schwertlilienwurzel werden zerkleinert. Man schichtet sie in ein luftdicht verschließbares Glas und übergießt mit dem Alkohol. Die Mischung soll zwei bis drei Wochen ziehen.
Die Orange wird dicht mit den Gewürznelken besteckt.
Die fertige Duftmischung wird in eine kleine, hohe Schale gegossen. Nun legt man den Duftpomander hinein und läßt ihn mehrere Tage unter öfterem Drehen darin liegen.
Danach hat er sich mit aromatischen Düften vollgesogen und wird frei ausgelegt.
Diese Art des Duftpomanders kommt aus dem England der viktorianischen Zeit. Der Duft ist anhaltender und aromatischer als von der einfachen Art.

Zimtparfüm

*50 g Wodka 80%,
100 g destilliertes Wasser,
25 g pulverisierte Zimtborke*

Die pulverisierte Zimtborke wird in einen Flacon oder ein Glas mit luftdichtem Verschluß gegeben. Dann gießt man den Wodka darauf. Das Gemisch muß etwa drei Wochen an dunklem Ort ausziehen.
Danach entfernt man die Zimtborke und übergießt den Wodka mit dem destillierten Wasser.
Der Duft ist sehr apart. Er eignet sich tropfenweise auch zum Parfümieren selbsthergestellter Kosmetika.

Cremes und Öle

Cremes, die nähren und pflegen (für alle Hauttypen)

Klassische Crème Céleste
Lilienmilch
Lilienmilch-Creme
Köstliche Mandel-Ei-Creme
Mandel-Zitronen-Creme
Rosencreme
Spinat-Turgorcreme
Weizenkeimbalsam mit Honig

Cremes für sensible, trockene Haut

Feine Aprikosennährcreme
Baldrian-Hautcreme
Einfache Coldcreme
Glyzerin-Wachs-Balsam
Johanniskrautcreme I
Johanniskrautcreme II
Kräutercreme Perfekt
Milch-Apfelcreme
Ringelblumenmilch

Cremes für unreine, fette Haut

Bananen-Hautgelee
Bienenhonig-Lilienmilch
Gurkenbalsam
Gurkensaft »Nostalgie«
Nostalgische Lavendel-Schönheitscreme
Spezial-Hefecreme
Karottengel
Thymian-Schönheitscreme

Cremes für alternde Haut

Apfel-Feuchtigkeitscreme
Avocado-Frischcreme
Bananenbalsam
Enzian-Hautcreme
Hautstraffungscreme
Honig-Eibisch-Salbe
Hormon-Antifaltencreme
Lanolin-Collagenmilch
Malven-Rosen-Wundercreme
Flüssige Nährcreme
Orangencreme
Vitamin-E-Creme
Weizenkeim-Johanniskraut-Creme

Cremes für spezielle Probleme

Beinwurzelsalbe (Akne, Wundheilung)
Couperose-Cremegel (Couperose)
Festigungscreme (Ekzeme, Geschwüre)
Joghurt-Honig-Creme (Allergien, Entzündungen)
Kamillencreme mit Milcheiweiß (Wundheilung)
Karotten-Körpercreme (Akne, Schwielenbildung)
Lindenblütencreme (Couperose)
Pfirsichmilch (Couperose)
Rosen-Efeu-Zehrcreme (Orangenhaut)
Sommersprossen-Bleichungscreme
Sommersprossen-Honigcreme
Vitamin-C-Creme (Altersflecken, Sommersprossen)

Hautöle

Johanniskrautblütenöl
Hopfen-Hormonöl
Lilienöl
Sonnenschutzöl
Sonnenschutzöl »Sesam«
Ysop-Schönheitsöl

Cremes und Öle

Die gesunde, normale Haut ist heute eine Rarität. Umfangreiche Untersuchungen von führenden Dermatologen haben ergeben, daß von 100 Menschen nur 18 über eine Idealhaut verfügen. Alle übrigen leiden unter Reizungen, Rötungen, Allergien, Akne, Couperose (erweiterten Äderchen), Orangenhaut, Altersflecken, Schwielen, Ekzemen, Geschwüren, Knötchenbildungen und anderen Abnormitäten. Nicht nur die Verschmutzung der Luft ist hieran schuld. Ebenso werden angeführt: ungeeignete Kosmetika, Umgang mit Chemikalien (berufsbedingte Allergien), falsche, einseitige Ernährung, übermäßige künstliche Düngung von Korn und sämtlichen Gemüsen, Salaten etc., Mißbrauch von Alkohol und Genußgiften, schlechte Verdauungsverhältnisse im Körper, Stoffwechselkrankheiten, Mißbrauch von Gewürzen in der Ernährung, Überparfümierung von kosmetischen Präparaten, Verwendung von Sprays für die Haut. Unser Angebot an Rezepten für Cremes ist deshalb besonders reichhaltig und nach Hauttypen zusammengestellt.

Hinsichtlich der Problemhaut sei betont, daß länger anhaltende Hautleiden und Veränderungen der Haut in die Hand des Dermatologen gehören. Ebenso wichtig ist es, für die Behebung von krankhaften Hautveränderungen Geduld mitzubringen. »Über Nacht« und durch einmalige Anwendung läßt sich die Problemhaut nicht normalisieren! Regelmäßige, verstärkte, durchdachte Pflege dagegen kann viel bewirken. Und wenn sie die Akne, die Couperose, die Orangenhaut nicht ganz behebt, so kann sie sie doch weitgehend mildern.

Anmerkung: Unguentum Lanette, »Dr. Wolff«-Basis-Creme, halbfett, Lanolin sowie die übrigen Zutaten erhält man in allen Apotheken, in Reformhäusern und Bioläden bzw. im Lebensmittelhandel.

Cremes, die nähren und pflegen

(für alle Hauttypen)

Klassische Crème Céleste

25 g weißes Wachs,
50 g Walrat,
50 g süßes Mandelöl,
40 g Rosenwasser

In einer Porzellanschale werden im heißen Wasserbad das weiße Wachs, das Walrat und das süße Mandelöl zusammengeschmolzen. Das Rosenwasser wird separat erwärmt und unter gleichmäßigem Rühren zu der noch warmen Fettschmelze gegeben.
Crème Céleste kannten schon unsere Urgroßmütter. Sie ist die klassische Schönheitscreme, die die Haut reichlich mit Fett versorgt, nährt und pflegt.
Mit Crème Céleste kann man rauhe, rote Hände behandeln, indem man sie abends reichlich damit einreibt, helle Baumwollhandschuhe überzieht und bis zum Morgen einwirken läßt.

Lilienmilch

2 Lilienzwiebeln,
1 Tasse Wasser,
30 g Lanolin,
10 g weiße Toiletteseife,
25 g Glyzerin

Die Lilienzwiebeln werden von dem braunen Häutchen befreit. Man schneidet sie ganz fein und setzt sie in kaltem Wasser zum Feuer. Sie müssen kochen, bis sie ganz weich sind. Dann gibt man sie durch die Püriermaschine oder wiegt sie ganz fein.
Im heißen Wasserbad wird im hohen Plastiktopf das Lanolin geschmolzen. Man rührt es mit dem Glyzerin zusammen. Die weiße Toiletteseife wird fein geschnitten. Man übergießt sie mit dem – noch warmen – Wasser, in dem die Lilienzwiebeln gekocht wurden. Sie wird separat im heißen Wasserbad so lange unter Rühren erhitzt, bis sie sich auflöst. Noch warm gießt man sie zur Fettschmelze und rührt bis zum völligen Erkalten gut durch.
Diese Lilienmilch ist ein wunderbares Pflegemittel für alle Hauttypen.

Sie eignet sich vor allem als Tagespflegemittel und wirksamer Schutz vor schädlichen Umwelteinflüssen.

Lilienmilch-Creme

2 Lilienzwiebeln abgekocht,
1 Teelöffel Milchin-Pulver,
100 g Lanolin,
2 Teelöffel Rosenwasser

Die gekochten Lilienzwiebeln werden ganz abgezogen und feinst gehackt oder püriert. Im heißen Wasserbad wird das Lanolin geschmolzen. Das Rosenwasser wird erwärmt und mit dem Milchin-Pulver klümpchenfrei verrührt. Man gibt es zur Lanolinschmelze. Unter weiterem Rühren folgt nun das Lilienmus. Die Creme muß unbedingt bis zum völligen Erkalten gerührt werden.
Lilienmilch-Creme ist uralt. Schon im Altertum war ihre verschönernde Wirkung bei den Damen berühmt. Sie pflegt, nährt und klärt die Haut in hervorragender Weise.

Köstliche Mandel-Ei-Creme

50 g Eucerin,
20 g Weizenkeimöl,
15 g Mandelmus,
1 frisches Eigelb,
1 Kaffeelöffel Rosenwasser

Das Eucerin wird mit dem Weizenkeimöl im heißen Wasserbad zusammengeschmolzen. Man nimmt die Fettschmelze vom Feuer. Es folgen langsam, unter ständigem Rühren das Mandelmus und das Eigelb. Vorsicht, daß es nicht gerinnt! Zuletzt wird das Rosenwasser, das separat erwärmt wurde, beigegeben.
Die Mandel-Ei-Creme wird in ein Porzellantöpfchen gefüllt, sie bleibt gut verschlossen im Kühlschrank. Haltbarkeitsdauer: ca. fünf Tage.
Diese inhaltsreiche Creme nährt und pflegt die strapazierte Haut von Gesicht, Hals, Dekolleté, Händen, Armen, Brust etc. nachhaltig. Rote, spröde, rissige Hände sind besonders dankbar für die Behandlung mit dieser Creme. Man reibt sie über Nacht damit ein, zieht leichte Baumwollhandschuhe über und läßt die Creme dadurch tief einwirken.

Mandel-Zitronen-Creme

10 g weißes Wachs,
10 g Walrat,
60 g süßes Mandelöl,
15 g frischer Zitronensaft

Wachs und Walrat werden im heißen Wasserbad im hohen Plastiktopf zusammengeschmolzen. Unter ständigem Rühren gibt man das süße Mandelöl langsam hinzu. Man nimmt die Fettschmelze vom Feuer und rührt sie bis zum Erkalten. Kurz vorher gibt man den Zitronensaft zu.
Mandelöl ist das »klassische« Öl für die Herstellung erstklassiger Hautpflegepräparate. Es gilt als das beste Öl zur Erzeugung von wertvollen Kosmetika.
In dieser Zusammensetzung nährt und klärt es den Teint. Besonders für die Problemhaut in jedem Alter ist diese Mandel-Zitronen-Creme das ideale Pflegemittel.

Rosencreme

25 frische duftende Rosenblätter,
1/8 l destilliertes Wasser,
50 g Lanolin,
20 g frische ungesalzene Butter

Das destillierte Wasser wird erhitzt und über die in eine Schale geschichteten Rosenblätter gegossen. Man läßt sie zwei Stunden lang ausziehen. Hat sich das Wasser schön rötlich gefärbt, erhitzt man es nochmals mitsamt den Rosenblättern. Dann nimmt man sie heraus. Lanolin und Butter werden unter Rühren im heißen Wasserbad zusammengeschmolzen. Dann gibt man das noch warme Rosenwasser hinzu. Es stellt sich eine ganz sanfte Rotfärbung ein.
Die Creme wird noch warm in Porzellantöpfchen gefüllt und kühl gestellt.
Die Wirkstoffe der Rosen wirken nährend, glättend, kühlend und pflegend. Diese Rosencreme bildet zugleich eine biologisch hochwirksame Antifaltencreme. Man verteilt sie abends, nach der Reinigung, auf die Haut von Gesicht, Hals und Dekolleté, damit sie während der Nachtstunden ihre Kräfte entfalten kann.

Spinat-Turgorcreme

50 g Benzoeschmalz,
10 g Walrat,
1 Eßlöffel Spinatsaft frisch,
1 Eßlöffel Rosenwasser

Benzoeschmalz und Walrat werden im heißen Wasserbad zusammengeschmolzen. Ist die Fettschmelze etwas abgekühlt, kommt der erwärmte Spinatsaft zusammen mit dem Rosenwasser hinzu. Es wird bis zum Erkalten gut gerührt. Die Spinat-Turgorcreme wird, im Porzellantöpfchen verschlossen, kühl aufbewahrt.
Spinat enthält in reichem Maße das Karotin, die Vorstufe des Vitamin A. Außerdem die Vitamine B_1, B_2, C und reichlich Vitamin E. Diese Vitaminkomposition erhöht den Haut-Turgor – die Spannung der Haut – hervorragend. Spinat-Turgorcreme macht die Haut elastisch, beugt starker Faltenbildung vor. Sie ist zudem wertvolle biologische Hautnahrung.
Spinat-Turgorcreme wird nach der abendlichen Reinigung reichlich auf die Haut von Gesicht, Hals und Dekolleté, jedoch auch der Hände, Knie, Ellenbogen gebracht. Man kann sie auch am Tage zum Schutz der Haut vor schädlichen Umwelteinflüssen anwenden.

Weizenkeimbalsam mit Honig

50 g Weizenkeimöl,
50 g Lanolin,
75 g Hamameliswasser,
20 g Bienenhonig

Das Lanolin wird im heißen Wasserbad im hohen Plastiktopf mit dem Weizenkeimöl zusammengeschmolzen. Man nimmt vom Feuer und rührt, bis die Fettschmelze nur noch warm ist. Dann wird der Bienenhonig vorsichtig untergerührt. Zum Schluß folgt das Hamameliswasser, das separat im Wasserbad erwärmt wurde.
Der Weizenkeimbalsam ist eine hochwertige Nähr- und Pflegecreme. Er muß, gut verschlossen, kühl aufbewahrt werden.
Das Weizenkeimöl enthält hohe Werte an Provitamin A und Vitamin E. Das biologisch hochwertige Pflanzenlezithin und die vielen Vitalstoffe wirken glättend, regenerierend, stärken die Keimschicht und das Unterhautzellgewebe.

Cremes für sensible, trockene Haut

Feine Aprikosennährcreme

50 g Lanolin,
35 g süßes Mandelöl,
10 g Walrat,
10 g Milchin-Pulver,
100 g Rosenwasser,
2 sehr reife Aprikosen

Zuerst werden Lanolin, süßes Mandelöl und Walrat im heißen Wasserbad zusammengeschmolzen. Das Rosenwasser wird separat erwärmt und langsam mit dem Milchin-Pulver verrührt. Dann wird unter ständigem Rühren dieses Gemisch zu der Fettschmelze gegeben.
Die Aprikosen werden enthäutet, entkernt, geviertelt und durch die Fruchtpresse gequetscht oder ganz fein zerstampft. Dann rührt man sie in kleinen Portionen unter die Creme.
Aprikosen sind reich an Vitaminen A, B_1, B_2 und C. Sie schenken der trockenen, reifen Haut die Fähigkeit zurück, Feuchtigkeit zu binden. Sie wirken auf die Haut nährend und festigend. Ihre Vitalstoffe verjüngen sie bis in die tieferen Schichten.
Aprikosennährcreme wird am besten abends auf die gereinigte Haut von Gesicht, Hals und Dekolleté aufgetragen, um ihre Wirkung während der Nachtruhe zu entfalten. Sie ist auch sehr bei angegriffenen Händen zu empfehlen.

Baldrian-Hautcreme

10 g Baldrianwurzel,
½ Tasse Wasser,
30 g Lanolin,
10 g Walrat,
25 g süßes Mandelöl,
10 g Milchin-Pulver

Die zerkleinerte Baldrianwurzel wird mit dem Wasser kalt zum Feuer gestellt. Sie muß zehn Minuten sprudelnd kochen. Danach werden die Pflanzenrückstände fest ausgepreßt, so daß sich etwa 1–2 Eßlöffel Baldrianextrakt ergeben.
Das Lanolin wird mit dem Walrat im heißen Wasserbad zusammengeschmolzen. Unter ständigem Rühren setzt man langsam das süße Mandelöl hinzu. Der erwärmte Baldrianextrakt kommt zu der Fettschmelze.

Es wird bis zum völligen Erkalten weitergerührt. Das Milchin-Pulver folgt zum Abschluß. Es muß gut untergerührt werden.
Die beruhigende Wirkung des Baldrian prädestiniert diese Creme zur Pflege der nervösen, überempfindlichen Haut. Irritationen, Rötungen, geplatzte Äderchen, Allergien auf nervöser Grundlage sind das weite Anwendungsgebiet.

Einfache Coldcreme

50 g weißes Wachs,
75 g Walrat,
100 g süßes Mandelöl,
50 g Rosenwasser

Im Plastiktopf oder Porzellangefäß werden im heißen Wasserbad über dem Feuer das weiße Wachs, das Walrat und das süße Mandelöl zusammengeschmolzen, wobei ständig gerührt werden muß. Danach wird bis zum Erkalten weitergerührt. Das Rosenwasser wird separat etwas erwärmt und langsam zu der Fettschmelze gegeben. Auch dies geschieht unter gutem Rühren.
Man füllt die Creme in ein Porzellantöpfchen und hebt sie verschlossen auf.
Dies ist eine klassische, wirklich gute Pflegecreme, die durch ihren Gehalt an Ölen und Fetten die Haut glatt und weich, elastisch und geschmeidig erhält.
Coldcreme ist auch für die reizbare, empfindliche Haut bestens geeignet.

Glyzerin-Wachs-Balsam

50 g weißes Wachs,
10 g Walrat,
35 g süßes Mandelöl,
10 g Gelatine (weiße Speisegelatine pulverisiert),
175 g Rosenwasser

Die Gelatine wird mit etwas von dem Rosenwasser übergossen und zum Quellen gebracht. Danach übergießt man mit dem restlichen Rosenwasser und erhitzt im heißen Wasserbad auf dem Feuer unter Rühren, bis die Gelatine völlig verflüssigt ist.
Das weiße Wachs wird im heißen Wasserbad im hohen Plastiktopf mit

dem Walrat zusammengeschmolzen. Unter Rühren folgt das süße Mandelöl. Danach das noch warme und flüssige Gelatine-Rosenwasser-Gemisch. Bis zum völligen Erkalten muß weitergerührt werden.
Der Glyzerin-Wachs-Balsam wird im Porzellandöschen oder -topf aufgehoben. Er muß gut verschlossen werden.
Bei empfindlicher, roter, leicht spröder Haut ein vorzügliches Pflegemittel. Stärkt, spannt und kräftigt die Haut durch den in der Gelatine enthaltenen Collagen-Anteil. Collagen stärkt und regeneriert das Stützgerüst des Körpers, das aus Collagen besteht. – Außerdem überzieht dieser Glyzerin-Wachs-Balsam die Haut mit einem feinen Schutzfilm, der sie vor klimatischen Reizen und schädlichen Umwelteinflüssen abschirmt.

Johanniskrautcreme I

50 g Lanolin,
25 g süßes Mandelöl,
10 g Johanniskrautblüten,
1 Tasse Wasser

Die Johanniskrautblüten werden mit der Tasse Wasser kalt zum Feuer gestellt und zum Kochen gebracht. Zugedeckt läßt man sie fünf Minuten ziehen. Das Lanolin wird im heißen Wasserbad mit dem süßen Mandelöl zusammengeschmolzen. Der Johanniskrautblüten-Extrakt wird gefiltert und der gewonnene Tee noch warm unter die Fettschmelze gerührt. Man rührt ständig bis zum Erkalten.
Die Johanniskrautcreme wird in ein Cremetöpfchen gefüllt und, verschlossen, kühl aufbewahrt.
Johanniskrautblüten haben hervorragende kosmetische Eigenschaften. Speziell die trockene, zarte und sensible Haut wird mit ihren Wirkstoffen schöngepflegt. Johanniskraut-Creme schützt auch gegen schädliche Klimareize – Sonne, Wind, Kälte – und bewahrt vor Rötungen und Reizungen.

Johanniskrautcreme II

50 g Benzoeschmalz,
20 g Johanniskrautöl,
25 g Lanolin,
75 g Rosenwasser

Das Benzoeschmalz wird im heißen Wasserbad mit dem Johanniskrautöl zusammengeschmolzen. Danach gießt man langsam unter Rühren das separat erwärmte Rosenwasser hinzu. Man rührt bis zum völligen Erkalten und füllt die gewonnene Creme in ein Porzellandöschen.
Gut verschlossen und kühl aufbewahrt, hält sich die Creme mehrere Wochen lang.
Diese Creme ist speziell bei trockener, schuppiger, unreiner Haut ideal. Es sind darin ätherische Öle, Kohlehydrate, Gerbstoffe, Pektin und andere Wirkstoffe enthalten, die hautnährend, straffend und pflegend wirken.
Johanniskrautcreme II ist zur Intensivpflege geeignet, bei der schnelle Erfolge erzielt werden sollen, die bleibend sind.

Kräutercreme Perfekt

10 g Salbei,
10 g Huflattich,
10 g Eibisch,
½ l Wasser,
100 g Lanolin

Die Teesorten werden untereinander gemischt und in dem Wasser kalt zum Feuer gegeben. Man läßt sie kochen und dreimal aufwallen. Dann werden sie fünf Minuten zugedeckt beiseite gestellt. Das Lanolin wird im heißen Wasserbad geschmolzen. Vom Feuer nehmen und unter Rühren den gefilterten Tee-Extrakt beifügen. Es soll eine cremige Masse entstehen.
Sie wird noch warm in ein Porzellantöpfchen gegossen und verschlossen.
Diese Kräutercreme ist ganz besonders für leicht entzündliche, spröde und rissige Haut geeignet. Unreine und schuppige Haut läßt sich damit gesundpflegen. Unregelmäßige Rötungen und Irritationen verschwinden bald.

Milch-Apfel-Creme

25 g Lanolin,
25 g Walrat,
10 g Kakaobutter,
15 g Milchin-Pulver,
½ Apfel, gerieben (säuerlich)

Die ersten drei Zutaten werden im heißen Wasserbad auf dem Feuer zusammengeschmolzen. Unter ständigem Rühren läßt man sie fast abkühlen. Vorher wird separat das Milchin-Pulver mit dem Apfelbrei verrührt und vorsichtig unter die Fettschmelze gegeben.
Der hohe Gehalt an Pektinen im Apfel steigert die Feuchtigkeitsaufnahmefähigkeit der Haut und kommt vor allem trockener, reifer Haut zugute, die zu Falten und Runzeln neigt. Außerdem wird die Haut durch die günstige Kombination in der Milch-Apfel-Creme geklärt und gefestigt.

Ringelblumenmilch

10 g Calendulablüten,
50 g Weingeist,
25 g frische, ungesalzene Butter,
35 g Lanolin,
20 g Weizenkeimöl

Die Calendulablüten werden zerkleinert und mit dem Weingeist in einer bauchigen Flasche, die verschließbar ist, übergossen. Man läßt sie etwa drei bis vier Wochen ziehen. Danach abfiltern.
Butter und Lanolin werden im heißen Wasserbad zusammengeschmolzen. Man rührt das Weizenkeimöl dazu. Danach den Calendulablüten-Auszug, der nur tropfenweise unter ständigem Rühren beigefügt werden darf. Die Masse soll fließend-cremig werden.
Calendula oder Ringelblume enthält ätherische Öle und Karotin, die Vorstufe des Vitamin A, in reichem Maße. Seit dem Mittelalter gilt diese Heilpflanze als hervorragendes Schönheitsmittel. Es schützt, nährt und pflegt die übersensible Haut, stärkt und tonisiert das erschlaffte Gewebe, hilft bei rauher, spröder Haut, bei Schrunden, beugt Entzündungen und Eiterungen vor.
Ringelblumen-Hautnahrungsmilch wird abends nach der Reinigung

sanft in die Haut von Gesicht, Hals, Dekolleté, Händen eingebracht und soll die Nacht über ihre Wirkung entfalten. Am Tage genommen, schützt sie auch vor schädlichen klimatischen Reizen, lindert Sonnenbrand und gibt einen hauchdünnen Film über die Haut.

Cremes für unreine, fettige Haut

Bananen-Hautgelee

1 Banane, geschält,
120 g Rosenwasser,
10 g Agar-Agar,
1 Teelöffel Bienenhonig

Die überreife Banane wird mit einer Holzkelle zerdrückt und schaumig gerührt, das Rosenwasser im heißen Wasserbad erhitzt, jedoch nicht gekocht. Etwas davon mit dem Agar-Agar klümpchenfrei anrühren. Zum erhitzten Rosenwasser gießen und kaltrühren. Danach den möglichst flüssigen Bienenhonig beifügen, ebenso das Bananenmus. In Glasgefäß verschlossen und kühl aufbewahren.
Dieses fettfreie Hautgelee wirkt angenehm erfrischend. Es pflegt fettige, unreine Haut, belebt auch schlaffe Konturen wieder. Wer unter Allergie gegen fette Cremes leidet, sollte diese vitamin- und wirkstoffreiche Creme verwenden.

Bienenhonig-Lilienmilch

1 Lilienzwiebel,
30 g süßes Mandelöl,
1 Teelöffel Bienenhonig,
50 g Unguentum Lanette,
1 Teelöffel Rosenwasser,
1 Teelöffel Orangenblütenwasser,
1 Teelöffel Magermilchpulver

Die Lilienzwiebel enthäuten, feinwiegen und mit dem erhitzten, jedoch nicht gekochten Mandelöl in Porzellan- oder Glasgefäß übergießen. Darin einen Tag ziehen lassen. Danach durch einen Kaffeefilter gießen, mit einer Holzkelle die Zwiebelrückstände gut auspressen und dazugeben. Das Lilienöl wird mit Bienenhonig und Unguentum Lanette zusammengerührt, Rosen- und Orangenblütenwasser werden miteinander

vermischt, klümpchenfrei mit dem Magermilchpulver verrührt und dem Fettgemisch beigefügt.
Diese Milch hat besonders intensive klärende Wirkung. Vorzüglich als milde Pflege für die unreine Haut, gegen Pickel, Mitesser, Pusteln. Für jeden Hauttyp im reiferen Alter sehr gut geeignet.

Gurkenbalsam

½ Gurke, frisch,
2 EL Zitronensaft,
25 g süßes Mandelöl,
50 g Unguentum Lanalcoli aquosum,
30 g »Dr. Wolff«-Basis-Creme, halbfett

Geschälte Gurke würfeln und durch ein Haarsieb drücken. Gurkensaft mit Zitronensaft mischen. Süßes Mandelöl und Unguentum zusammenrühren, danach die Basis-Creme untermischen. In Porzellangefäß verschlossen und kühl aufbewahren.
Zur Tiefenreinigung und Beruhigung angegriffener Haut: Mit angefeuchtetem Wattebausch und etwas Gurkenbalsam in sanften Kreisen Gesicht, Hals, Dekolleté reinigen.
Es wird eine klärende, desinfizierende Wirkung erzielt. Die enthaltenen Vitamine A, B_1, B_2 und C stärken die Haut.

Gurkensaft »Nostalgie«

2 EL Gurkensaft,
40 g Unguentum Lanalcoli aquosum,
20 g süßes Mandelöl,
2 Teelöffel Rosenwasser

Frisch gepreßten Gurkensaft mit dem Unguentum mischen und süßes Mandelöl tropfenweise unterrühren. Im heißen Wasserbad das Rosenwasser erwärmen und rasch zu dem Gemisch geben.
Diese Creme reinigt, klärt, pflegt und festigt angegriffene, unreine Haut. Auch bei allergischer Problemhaut gut verträglich.

Nostalgische Lavendel-Schönheitscreme

20 g Lavendelblüten,
1/8 l Wasser,
40 g Lanolin,
20 g Weizenkeimöl

Lavendelblüten zerreiben. Mit kochendem Wasser übergießen. Bis zum Erkalten ziehen lassen. Abseihen, nochmals erwärmen und mit den übrigen Zutaten mischen.
Bei Insektenstichen die betroffene Stelle damit betupfen. Nervöse Haut wird durch die Creme beruhigt.

Spezial-Hefecreme

20 g medizinische Hefe, pulverisiert,
3 Eßlöffel Rosenwasser,
35 g Olivenöl,
60 g Unguentum Lanette

Hefe und Rosenwasser klümpchenfrei mischen, Olivenöl und Unguentum cremig rühren. Beide Gemische zusammengeben und miteinander verrühren, bis eine cremige Masse entsteht.
Hefe hilft hervorragend bei unreiner, fettiger Haut: Nach der abendlichen Reinigung wird die Creme messerrückendick auf Gesicht, Hals, Dekolleté gestrichen. Unterstützt wird die äußerliche Hefekur durch die Einnahme von Hefe.

Karottengel

3 Eßlöffel Karottensaft, frisch gepreßt,
2 Eßlöffel Rosenwasser,
1 Teelöffel Agar-Agar,
30 g Glyzerin, weiß,
30 g Unguentum Lanalcoli aquosum

Karottensaft mit dem Rosenwasser mischen, in das zuvor klümpchenfrei das Agar-Agar eingerührt wurde. Die Mischung wird im heißen Wasserbad kurz erwärmt und bis zum Erkalten gerührt. Glyzerin und Unguentum abwechselnd beifügen, bis die Masse cremig ist. In Porzellangefäß verschlossen und kühl aufbewahren.

Dieses Gel gibt vor allem der Winterhaut die nötige Pflege. Das enthaltene Karotin mit seinem Gehalt an Schönheitsvitamin A verhindert spröde, rissige Haut, auch an den Händen.

Thymian-Schönheitscreme

20 g Thymian,
50 g Weizenkeimöl,
80 g Unguentum Lanette,
3 Eßlöffel Rosenwasser,
1 Teelöffel Agar-Agar

Thymian wird zerrieben und in bauchigem Glasgefäß mit dem Öl übergossen. Man läßt sechs Tage unter öfterem Durchschütteln ziehen. Durch Kaffeefilter gießen, Pflanzenrückstand auspressen, mit Unguentum mischen. Rosenwasser in heißem Wasserbad erwärmen und sofort klümpchenfrei das Agar-Agar unterrühren. Zur Cudememasse geben, bis zum Erkalten weiterrühren.
Die desinfizierende Wirkung von Thymian ist altbekannt. Diese Pflegecreme ist gegen leicht entzündete, unreine Haut, auch bei Akne und Ekzemen wirksam. Mitesser und Reizungen verschwinden allmählich. Die Creme wirkt hautklärend.

Cremes für alternde Haut

Apfel-Feuchtigkeitscreme

1 unreifer Apfel,
50 g Unguentum Lanette,
30 g Distelöl,
2 Eßlöffel Rosenwasser

Apfel waschen und samt Schale auf einer Glasreibe fein reiben. Durch ein Mulltüchlein pressen. Den Saft mit Unguentum mischen. Tropfenweise Distelöl unterrühren. Rosenwasser im heißen Wasserbad erwärmen und gleich dazugeben.
In unreifen Äpfeln ist reichlich Pektin enthalten, das die reife Haut intensiv mit Feuchtigkeit versorgt.
Die Haut wird bei regelmäßiger Anwendung straffer und fester. Falten und Runzeln werden gemildert, auch verknitterte Haut mit Schuppen, Runzeln und Fältchen spricht auf eine Creme mit Pektingehalt gut an.

Avocado-Frischcreme

½ Avocado, geschält,
20 g Avocadoöl,
50 g »Dr. Wolff«-Basis-Creme, halbfett,
2 Eßlöffel Orangenblütenwasser

Die entkernte Frucht zerdrücken oder im Mixer pürieren, mit dem Öl mischen und die Basis-Creme beifügen. Das Orangenblütenwasser im heißen Wasserbad erwärmen und gleich zur Fettschmelze rühren.
Avocados sind reich an Lezithin, pflanzlichen Wirkstoffen, den Vitaminen A, B-Komplex, D, G, E, K, H sowie dem Gefäßvitamin »Rutin« und daher sehr gut auch bei geplatzten Äderchen im Gesicht anwendbar.
Die Frischcreme ist für jeden Hauttyp geeignet, vor allem für die reife, trockene und sensible, zu Falten neigende Haut.

Bananenbalsam

½ Banane geschält,
30 g Weizenkeimöl,
60 g Unguentum Lanette,
2 Eßlöffel Rosenwasser

Eine halbe sehr reife Banane zerdrücken und schaumig schlagen, Weizenkeimöl und Unguentum mischen und das Bananenmus unterheben. Rosenwasser im heißen Wasserbad erwärmen und gleich unter die Fettschmelze rühren.
Dieser Balsam eignet sich besonders für empfindliche, schlecht ernährte Haut. Auch trockene Haut von Hals und Dekolleté sowie die Hände sind dankbar für diese Spezialpflege. Empfehlenswert ist auch eine Packung: Man läßt mehrere Schichten, übereinander aufgetragen, 50 Minuten wirken und nimmt sie trocken ab – eine Wunderkur gegen Falten, Runzeln und »Altersringe« am Hals.

Enzian-Hautcreme

80 g Enzianwurzel,
¼ l Wasser,
60 g Unguentum Lanette,
40 g »Dr. Wolff«-Basis-Creme, halbfett,
2 Eßlöffel Rosenwasser

Die zerkleinerte Enzianwurzel gründlich waschen, mit kaltem Wasser ansetzen und auf kleiner Flamme ziehen lassen. Nach dem Erkalten durch einen Kaffeefilter gießen, Pflanzenrückstände auspressen. Im heißen Wasserbad erwärmen und sofort mit Unguentum und Basis-Creme mischen. Das im heißen Wasserbad erwärmte Rosenwasser unterrühren.
Enzian wirkt festigend dank seiner Glykoside und Pektine. Für die faltige, erschlaffte, strapazierte Haut als Tages- und Nachtcreme geeignet.

Hautstraffungscreme

50 g Schachtelhalm, getrocknet,
10 g Thymian,
10 g Tormentill,
100 g Olivenöl,
100 g Unguentum Lanette

Die Pflanzen fein zerreiben und mischen, in bauchigem Glasgefäß mit dem Olivenöl übergießen und verschlossen sechs Tage unter häufigem Schütteln ziehen lassen.
Durch einen Kaffeefilter gießen und Pflanzenrückstand auspressen. Das gewonnene Öl schließlich mit Unguentum mischen.
Durch die im Schachtelhalm enthaltene Kieselsäure wirkt diese Creme extrem hautstraffend. Thymian hat desinfizierende Eigenschaften, Tormentillwurzel enthält viel Gerbsäure. Daher ist die Creme auch bei großen Poren, bei Orangenhaut (Zellulitis) und Erschlaffungen sehr wirksam. Zur Vorbeugung gegen Schwangerschaftsstreifen wird die Bauchhaut damit täglich massiert.

Honig-Eibisch-Salbe

10 g Eibischwurzel,
5 g Schafgarbe,
10 g Kamille,
10 g Huflattich,
¼ l Wasser,
30 g süßes Mandelöl,
20 g Weizenkeimöl,
1 Eßlöffel Bienenhonig,
60 g Unguentum Lanette

Alle Pflanzen zerkleinert und miteinander vermischt in emailliertem Topf mit kaltem Wasser aufsetzen. Sechs Minuten bei kleiner Flamme ziehen lassen. Zugedeckt erkalten lassen und anschließend durch einen Kaffeefilter gießen. Pflanzenrückstand fest auspressen. Öle mischen. Tropfenweise mit Unguentum Lanette zusammenrühren. Pflanzenextrakt erwärmen und gleich unter das Fettgemisch rühren. In Porzellangefäß verschlossen und kühl aufbewahren.
Eine beruhigende, reizmildernde Creme, die sensible, leicht irritierte Haut heilt und Rötungen behebt. Alternde, faltige Haut wird allmählich regeneriert.

Hormon-Antifaltencreme

20 g Hopfendoldenöl,
25 g süßes Mandelöl,
60 g Unguentum Lanette,
3 EL Orangenblütenwasser

Die beiden Öle mischen und langsam unter das Unguentum rühren. Orangenblütenwasser im heißen Wasserbad erwärmen und unter die Fettschmelze mischen. In Porzellangefäß verschlossen und kühl aufheben.
Hopfendolden enthalten reichlich weibliche Geschlechtshormone.
Diese Creme mildert Falten und Runzeln. Sie läßt sich auch bei hormonell bedingtem Haarausfall anwenden: »Geheimratsecken« werden täglich damit massiert.

Lanolin-Collagenmilch

30 g Lanolin,
50 g »Dr. Wolff«-Basis-Creme, halbfett,
1 Teelöffel Agar-Agar,
20 g Distelöl

Im heißen Wasserbad beide Fette zusammenschmelzen. Rosenwasser ebenfalls im heißen Wasserbad erwärmen, Agar-Agar klümpchenfrei unterrühren. Noch warm mit der Fettschmelze mischen. Tropfenweise das Distelöl unterrühren. Verschlossen und kühl in Porzellangefäß aufbewahren.
Diese Collagenmilch wirkt gegen erschlaffte Haut, speziell auch von Hals und Dekolleté: Nach dem Auftragen elastische Binde umwickeln und mehrere Stunden wirken lassen. Auch für allergische, irritierte Haut gut geeignet.

Malven-Rosen-Wundercreme

25 Rosenblätter, frisch gepflückt,
30 g süßes Mandelöl,
70 g Unguentum Lanalcoli aquosum,
1/16 l Wasser,
1 Malventeebeutel

Rosenblätter abspülen, ausgebreitet trocknen lassen. In bauchigem Glas mit Mandelöl übergießen und unter öfterem Schütteln verschlossen 48 Stunden ziehen lassen. Durch Kaffeefilter gießen, Blätterrückstand auspressen. Das gewonnene Öl mit Unguentum mischen. Wasser zum Kochen bringen, Malventeebeutel damit übergießen und erkalten lassen. Dieser Tee wird noch warm zur Fettschmelze gegeben, das Ganze bis zum Erkalten gerührt.
Die Wirkstoffe von Malven und Rosen wirken beruhigend auf sensible Haut.
Die Creme kühlt und mildert Hautreizungen aller Art, auch infolge von Sonnenbrand.

Flüssige Nährcreme

25 g Olivenöl,
20 g Distelöl,
20 g Avocadoöl,
20 g Hopfenöl,
100 g Unguentum Lanette,
3 Eßlöffel Rosenwasser,
1 Teelöffel Magermilchpulver

Die vier Öle mischen und langsam unter das Unguentum rühren. Rosenwasser klümpchenfrei mit Magermilchpulver mischen. Alle Zutaten cremig rühren. In Porzellangefäß kühl und verschlossen aufbewahren.
Die in dieser wertvollen Creme enthaltenen Pflanzenhormone und -vitamine verjüngen die strapazierte reifere Haut. Auch als Pflegecreme für Hals, Dekolleté und Busen bestens geeignet.

Orangencreme

2 Eßlöffel Orangensaft, frisch gepreßt,
1 Teelöffel Bienenhonig,
100 g Unguentum Lanalcoli aquosum

Zuerst Orangensaft und Bienenhonig mischen, dann beides mit dem Unguentum cremig rühren. Die Creme wird verschlossen und kühl aufbewahrt.
Sie wirkt sowohl kühlend bei Sonnenbrand als auch straffend und tonisierend für reife Haut. Die Konturen von Kinn- und Wangenpartie wie auch die Augenlider werden nachhaltig gefestigt.
Täglich abends nach der Reinigung auftragen.

Vitamin-E-Creme

30 g Weizenkeimöl,
20 g Maiskeimöl,
100 g Unguentum Lanalcoli aquosum,
1 Teelöffel Bienenhonig

Zuerst die beiden Öle mischen, mit dem Unguentum zusammenrühren, zum Schluß den möglichst weichen Honig beifügen.

Die wirkstoffreiche Creme läßt eine reife, strapazierte, faltige Haut rasch regenerieren. Bei regelmäßiger Anwendung kommt es zur durchgreifenden Festigung des Gewebes, Falten und Runzeln werden gemildert.
Sie ist für jede Jahreszeit, besonders auch in der Augenumgebung, gut geeignet; im Winter schützt sie vor Kälte und Witterungseinflüssen.

Weizenkeim-Johanniskraut-Creme

25 g Weizenkeimöl,
20 g Johanniskrautöl,
2 Eßlöffel Karottensaft,
60 g Unguentum Lanette,
1 Eßlöffel Rosenwasser

Die beiden Öle mischen. Karottensaft mit Unguentum Lanette verrühren und die Ölmischung tropfenweise beifügen. Rosenwasser im heißen Wasserbad erwärmen und unterrühren.
Diese Creme wirkt regenerierend und erfrischend für die reife Haut. Sie bewirkt die Neubildung von Hautzellen. Ihr reicher Gehalt an Vitaminen A und E macht die Haut jugendlich straff. Auch für Allergiehaut geeignet.

Cremes für spezielle Probleme

Beinwurzelsalbe (Akne, Wundheilung)

15 g Beinwurzel, pulveris.,
3 Eßlöffel Rosenwasser,
20 g Distelöl,
50 g »Dr. Wolff«-Basis-Creme, halbfett

Das Beinwurzelpulver mit Rosenwasser übergießen und 24 Stunden quellen lassen. Distelöl und Basis-Creme miteinander verrühren und das Beinwurzelgemisch beifügen. Creme in Porzellangefäß verschlossen und kühl aufbewahren.
Beinwurz enthält in reichem Maße wertvolles Allantoin, das die Wundheilung begünstigt und aktivierend auf die Zellregulation einwirkt. Auch bei unreiner Aknehaut hat Allantoin sich bewährt. Täglich abends nach der Hautreinigung sparsam auftragen.
Die Schwarzfleckung der Creme hat nichts zu bedeuten.

Couperose-Cremegel (Couperose)

3 Eßlöffel Petersiliensaft,
1 Eßlöffel Karottensaft,
1 Eßlöffel Zitronensaft,
alles frisch gepreßt,
1 Teelöffel Agar-Agar,
1/16 l Rosenwasser,
20 g Glyzerin, weiß

Die Säfte mischen. Agar-Agar klümpchenfrei mit dem im heißen Wasserbad erwärmten Rosenwasser anrühren und zu den Säften geben. Glyzerin beifügen und cremig rühren. In braunem Apothekerfläschchen kühl und verschlossen aufheben.
Das Gel pflegt geplatzte Äderchen (Couperose), hilft bei Sommersprossen und Altersflecken: Mehrmals am Tage betupfen und einwirken lassen.

Festigungscreme (Ekzeme, Geschwüre)

10 g Rosmarinblätter, getrocknet,
1/4 l Wasser,
1 Teelöffel Agar-Agar,
35 g Unguentum Lanalcoli aquosum,
30 g »Dr. Wolff«-Basis-Creme, halbfett

Rosmarinblätter zerreiben, in kaltem Wasser ansetzen und bei kleiner Flamme vier Minuten ziehen lassen. Noch heiß durch Kaffeefilter gießen und Rückstände auspressen. Noch warm zu den beiden Cremes rühren, die vorher gemischt wurden. In Porzellangefäß verschlossen und kühl aufbewahren.
Rosmarin enthält ätherische Öle und Gerbstoff und ist überdies haarwuchsfördernd, weshalb man mit der Creme auch »Geheimratsecken« massiert.
Die Creme hat straffende Wirkung bei alternder Haut und schlaffen Konturen.

Joghurt-Honig-Creme (Allergien, Entzündungen)

1 Eßlöffel Molkepulver,
1 Teelöfffel Apfelessig,
3 Eßlöffel Rosenwasser,
1 Teelöffel Bienenhonig,
70 g Unguentum Lanalcoli aquosum

Die ersten vier Zutaten miteinander verrühren und das Gemisch im heißen Wasserbad erwärmen. Das Unguentum hinzufügen und bis zum Erkalten rühren.
Der saure pH-Wert der Creme entspricht annähernd dem der gesunden Haut, daher können auch Hautallergien und Reizungen wirkungsvoll damit behandelt werden. Bei unreiner Haut wirkt die Creme antiseptisch und klärend.
Durch die Beigabe von Bienenhonig strafft sie und wirkt vorzeitigen Alterserscheinungen entgegen.

Kamillencreme mit Milcheiweiß (Wundheilung)

15 g Römische Kamille,
60 g süßes Mandelöl,
1 Eßlöffel Magermilchpulver,
3 Eßlöffel Rosenwasser,
100 g Unguentum Lanalcoli aquosum

Getrocknete Römische Kamillen-Blüten zerreiben, in bauchigem Glasgefäß mit dem Öl übergießen und verschlossen, unter häufigem Schütteln, an einem warmen Ort sechs Tage ziehen lassen. Anschließend durch einen Kaffeefilter gießen, Rückstände gut auspressen. Magermilchpulver klümpchenfrei mit Rosenwasser mischen, beide Gemische mit dem Unguentum verrühren.
Die Creme wirkt heilend bei allen Arten von Hautreizung und ist auch bei schlecht heilenden Wunden anwendbar. Sie wird in einem Glasgefäß verschlossen aufbewahrt und darf nur mit dem Holzspatel, nicht mit den Fingern entnommen werden.

Karotten-Körpercreme (Akne, Schwielenbildung)

3 Eßlöffel Karottensaft, frisch gepreßt,
1 Teelöffel Zitronensaft, frisch gepreßt,
1 Teelöffel Agar-Agar,
⅛ l Rosenwasser,
120 g Unguentum Lanette

Die beiden Säfte werden gemischt und im heißen Wasserbad leicht erwärmt, woraufhin man das Agar-Agar klümpchenfrei einrührt und noch warm mit den übrigen Zutaten mischt. Bis zum Erkalten weiterrühren und kühl und verschlossen aufbewahren.
Diese Körpercreme ist durch das im Karottensaft enthaltene Karotin besonders wertvoll. Auch Verhornungen der Haut an Ellenbogen und Knien verschwinden bei regelmäßiger Anwendung, die Innenflächen der Hände werden samtweich, die Haut bräunt sich leicht. Auch als Pflegecreme für den Busen gut geeignet.

Lindenblütencreme (Couperose)

25 g Lindenblüten,
⅛ l Wasser,
1 Teelöffel Bienenhonig,
85 g »Dr. Wolff«-Basis-Creme, halbfett,
1 Teelöffel Distelöl

Lindenblüten zerreiben, in kaltem Wasser ansetzen und in einem Emailletopf fünf Minuten leicht kochen lassen. Zugedeckt erkalten lassen. Durch Kaffeefilter gießen und Blütenrückstände auspressen. Den gewonnenen Extrakt wieder erwärmen und mit den restlichen Zutaten mischen.
Dank ihres Gerbstoffgehalts eignet sich diese Creme speziell für erweiterte Äderchen (Couperose). Sie findet auch bei Sommersprossen und Altersflecken Anwendung.
Entzündete, gereizte, unreine Haut wird bei regelmäßiger Anwendung gebessert.

Pfirsichmilch (Couperose)

1 Pfirsich, sehr reif, geschält,
1 Eßlöffel süßes Mandelöl,
75 g Lanolin,
1 Teelöffel Agar-Agar,
4 Eßlöffel Rosenwasser

Pfirsich entkernen, fein schneiden und mit dem Mixer pürieren oder durch Haarsieb drücken. Süßes Mandelöl mit Lanolin vermischen und Pfirsichmark beifügen. Das Rosenwasser im heißen Wasserbad erwärmen und Agar-Agar klümpchenfrei einrühren; gleich zur Creme geben und bis zum Erkalten weiterrühren.
Pfirsiche enthalten viel Vitamin A, B_1, B_2 und C. Zusammen mit den Ölen pflegt die Pfirsichmilch speziell die empfindliche Haut, insbesondere wenn sie zu geplatzten Äderchen (Couperose) und Schuppenbildung neigt.
Die Pfirsichmilch wird verschlossen aufbewahrt, am besten in einem Porzellangefäß. Im Kühlschrank ist sie etwa eine Woche haltbar.

Rosen-Efeu-Zehrcreme (Orangenhaut)

¼ l Rosenwasser,
40 frische Efeublätter,
1 Teelöffel Agar-Agar,
1 Eßlöffel Zitronensaft,
20 g Glyzerin

Rosenwasser im heißen Wasserbad erhitzen und die gereinigten Efeublätter in einem Porzellangefäß damit übergießen. Zugedeckt 48 Stunden ziehen lassen, dabei öfter schütteln. Nochmals im heißen Wasserbad erwärmen, durch einen Kaffeefilter gießen, Blätterrückstände auspressen. Den erhaltenen Auszug im heißen Wasserbad wieder erwärmen und noch heiß das Agar-Agar klümpchenfrei unterrühren. Zitronensaft beifügen, ebenso das Glyzerin und bis zum Erkalten weiterrühren. In Porzellangefäß verschlossen und kühl aufheben.
Orangenhaut (Zellulitis) und Schwangerschaftsstreifen werden mit dieser Zehrcreme massiert. Bei regelmäßiger Anwendung gehen Schwellungen und Flüssigkeitsansammlungen zurück. Die Haut wird fester. Vorsicht jedoch bei Krampfadern: Massieren ist hier verboten!

Sommersprossen-Bleichungscreme

10 g Frauenmantelkraut,
10 g Hauswurzblätter,
¼ l Wasser,
60 g Unguentum Lanalcoli aquosum,
50 g »Dr. Wolff«-Basis-Creme, halbfett

Frauenmantelkraut und Hauswurzblätter fein zerreiben, mit kaltem Wasser ansetzen und auf kleiner Flamme fünf Minuten leise köcheln lassen. Noch heiß durch einen Kaffeefilter gießen, Rückstände auspressen und Extrakt rasch mit dem Unguentum mischen. Das Ganze mit der Basis-Creme vermischen und bis zum völligen Erkalten rühren.
Dank ihres hohen Gerbstoffgehalts hilft die Creme bei Sommersprossen und Hautverfärbungen wie Altersflecken: Mehrmals am Tage betupfen und einziehen lassen.

Sommersprossen-Honigcreme

15 g Hagebuttenschalen,
⅛ l Wasser,
2 Eßlöffel Zitronensaft, frisch gepreßt,
1 Teelöffel Agar-Agar,
1 Teelöffel Bienenhonig,
20 g Glyzerin, weiß

Hagebutten mit kaltem Wasser ansetzen und auf kleiner Flamme acht Minuten ziehen lassen. Heiß durch Kaffeefilter gießen, Rückstände auspressen. Noch warm mit Zitronensaft und Agar-Agar klümpchenfrei mischen. Bienenhonig und Glyzerin unterrühren.
Der hohe Gehalt an Zitronen- und Apfelsäure klärt die Haut und hilft bei Verfärbungen und Sommersprossen. Durch den Bienenhonig wird die Haut gepflegt. Die Creme ist auch für die braunen Flecken auf den Händen geeignet.

Vitamin-C-Creme (Altersflecken, Sommersprossen)

30 g Brunnenkressesaft, frisch gepreßt,
2 Eßlöffel Zitronensaft,
3 Eßlöffel Rosenwasser,
1 Teelöffel Agar-Agar,
2 Eßlöffel süßes Mandelöl,
65 g Unguentum Lanette

Die Säfte zusammenmischen.
Rosenwasser im heißen Wasserbad erwärmen und sogleich das Agar-Agar klümpchenfrei unterrühren. Mandelöl mit Unguentum Lanette mischen, das Gel beifügen und rühren, bis eine cremige Masse entsteht. In Porzellangefäß kühl und verschlossen aufbewahren.
Altersflecken und Sommersprossen mehrmals täglich mit dieser Creme betupfen und einziehen lassen. Die Behandlung muß, um erfolgreich zu sein, über mehrere Monate hinweg durchgeführt werden.

Hautöle

Öle in der Schönheitspflege haben den Vorzug, sich leicht in die Hautporen einbringen zu lassen. Sie machen die Haut geschmeidig und elastisch, spenden ihr wertvolle Vital- und Wirkstoffe sowie Vitamine und Hormone.

Johanniskrautblütenöl

15 g Johanniskrautblüten,
100 g reines Olivenöl

Man legt in ein weites Glasgefäß, das luftdicht abschließbar ist, die frischen oder getrockneten zerkleinerten Johanniskrautblüten und übergießt sie mit dem Olivenöl.
Man läßt die Johanniskrautblüten etwa fünf bis sechs Tage in der Sonne ausziehen. Dann filtert man das Öl und preßt den Pflanzenrückstand noch gut aus. Das Öl hat eine herrliche purpurrote Farbe gewonnen.
Johanniskrautblütenöl wirkt anregend auf alle Hautfunktionen; es tonisiert und stärkt und erzeugt außerdem eine frische Hautfarbe.

Hopfen-Hormonöl

50 g Hopfenblüten getrocknet, *100 g reines Olivenöl*

Man schichtet die Hopfenblüten zerpflückt in ein Glasgefäß oder eine weitbauchige Flasche. Dann gießt man das Olivenöl darüber. Luftdicht verschlossen, läßt man das Gemisch an einem warmen Ort oder unter Sonnenbestrahlung etwa vier Wochen lang ziehen.
Danach filtert man das gewonnene Hopfen-Hormonöl ab, preßt die Pflanzenrückstände fest aus und hebt das Öl in braunen Apothekerfläschchen verschlossen und kühl auf.
Hopfen-Hormonöl ist besonders für die reife, schlaffe Haut des Halses geeignet. Die enthaltenen Phytohormone – Pflanzenhormone – wirken hervorragend stärkend und festigend. Verbunden mit einem festen Halswickel aus einer elastischen Binde, läßt sich bei regelmäßigem Gebrauch sehr viel erreichen. Runzeln und »Jahresringe« verschwinden, der Hals wird wieder fest und glatt.

Lilienöl

100 g Lilienblüten und -wurzeln, *½ l Olivenöl*

Die Lilienblüten und -wurzeln werden sehr fein geschnitten oder gewiegt. Dann schichtet man sie in eine dickbauchige Flasche ein und übergießt sie mit dem Olivenöl. Gut verschlossen läßt man die Mischung etwa vier bis fünf Wochen lang ausziehen.
Danach wird das Öl durchgefiltert, der Lilienrückstand ausgepreßt und alles in braune Apothekerflaschen gefüllt.
Man bewahrt das Lilienöl gut verschlossen und möglichst kühl auf.
Lilienöl und Lilienmilch waren schon im Altertum für ihre schönheitspendende Kraft berühmt. Sie machen die Haut weich, geschmeidig, wirken beruhigend bei Reizungen und schenken eine zarte, sanfte Blässe.

Sonnenschutzöl

100 g süßes Mandelöl,
3 Tropfen Jodtinktur

Beide Zutaten werden miteinander verschüttelt, in braunes Apothekerfläschchen gefüllt, gut verschlossen und kühl aufbewahrt.
Süßes Mandelöl gehört zu den wertvollsten Kosmetika. In kommerziellen Präparaten ist es wegen seiner Kostspieligkeit meistens nicht enthalten. Wir können es uns leisten, mit süßem Mandelöl zu arbeiten, weil weder teure Werbung noch Konservierungsmittel noch hohe Verdienstspannen in unsere Blütenkosmetik einkalkuliert werden müssen.

Sonnenschutzöl »Sesam«

10 g Calendulaöl,
20 g Paraffinöl,
5 g Johanniskrautöl,
10 g Sesamöl,
10 g Walnußöl,
60 g Erdnußöl,
30 g Lanolin,
15 g Tormentillwurzelextrakt

Zuerst bereitet man den Tormentillwurzelextrakt. Die pulverisierte Tormentillwurzel wird mit 100 g Olivenöl, das vorher auf 60 ° erwärmt wurde, übergossen. Man läßt die Mischung eine Woche lang unter öfterem Umrühren ziehen. Danach gießt man das Öl ab, preßt den Pflanzenrückstand aus und rührt nochmals alles gut durch.
Nun schmilzt man in einem hohen Plastiktopf unter Rühren mit einem Holzspatel im heißen Wasserbad das Lanolin und setzt unter fortwährendem Rühren nacheinander die verschiedenen Öle hinzu. Kurz vor dem Erkalten gießt man den Tormentillwurzelextrakt dazu.
Bei Sonnenschutzöl »Sesam« handelt es sich um ein hervorragendes Schutzpräparat, das die Haut vor dem Austrocknen und der Voralterung durch Ultraviolettstrahlen bewahrt, ihr aber zugleich eine frische, schöne Bräune schenkt.

Ysop-Schönheitsöl

35 g frischer oder getrockneter Ysop,

100 g Olivenöl

Der Ysop wird fein zerkleinert und dann in eine dickbauchige Flasche geschichtet. Man übergießt ihn mit dem Olivenöl.
Die Flasche wird gut verschlossen und an einen sonnigen, warmen Ort gestellt, an dem das Gemisch etwa drei Wochen ziehen kann.
Nach dieser Zeit filtert man die Pflanzenteile ab und preßt den Rückstand gut aus. Das gewonnene Öl wird in braune Apothekerfläschchen gefüllt, gut verschlossen und kühl aufbewahrt.
Ysop-Öl ist ein altbekanntes Schönheitsmittel. Man kann es auch tropfenweise ins Wasch- oder Badewasser geben, es im Sommer und Winter als Körperöl verwenden.
Ysop-Öl ist sowohl pflegend und nährend wie klärend für alle Hauttypen.

Spezielle Gesichtspflege

Masken und Kompressen

Apfel-Bienenhonig-Maske
Apfel-Hafermark-Maske
Apfelsaftkompresse
Bienenhonig-Leinsamen-Maske
Bienenhonig-Mandel-Maske
Haferflocken-Buttermilch-Maske
Haferflocken-Milch-Maske
Heilerdemaske
Honig-Fenchel-Maske
Honig-Glyzerin-Verjüngungsmaske
Joghurt-Straffungsmaske
Malvenkompresse
Cremepack mit Mandelcreme
Petersilienkompresse
Masque Velours
Weizenkleiemaske à la Nofretete
Spezial-Halsfaltenmayonnaise
Hautnährpackung

Peeling, Massage, Dampfbad

Mandel-Honig-Frottee
Seesandmandelkleie-Peeling
Zitronen-Hautpeeling
Spezial-Apfelmassage
Kräuterdampfbad

Spezielle Gesichtspflege

Masken und Kompressen, Peeling, Massage und Dampfbad sind keine neuen Erfindungen. Sie wurden zum Teil schon in der Antike – und nicht einmal nur von eitlen Evas – angewandt.

Schon damals ließen sich die Damen und auch Herren Masken aus Mandeln und Bienenhonig auflegen, bestrichen unreine Haut mit heilender Erde, erfrischten die Haut durch Kompressen, die mit Kräuterauszügen getränkt waren, ernährten und verjüngten die reife Haut mit Mischungen aus lauter Grundstoffen, die auch dem Magen bekömmlich sind.

Daran hat sich bis heute nichts geändert.

Auch die anderen Maßnahmen: das hautschälende Peeling, das hauterneuernde Frottee der Haut, die Massage mit einem Stück Apfel, das Dampfbad mit ausgewählten Kräutern, sind uralte Methoden, die Haut zu reinigen, zu glätten, sie von abgestorbenen Auflagen und Unreinheiten zu befreien.

Bei Masken und Kompressen geht es darum, die darin enthaltenen Vital- und Wirkstoffe, Vitamine und pflegenden Substanzen auf die Haut wirken zu lassen. Das kann nur bei sorgfältig gereinigter Haut, unter völliger Entspannung geschehen.

Beherzigen Sie daher vor Anwendung von Masken und Kompressen diese beiden Gebote:

> Reinigen Sie die Haut gründlich von allen Unreinheiten, Staub und Schmutz. Legen Sie sich nach Auftragen von Maske oder Kompresse leicht bekleidet etwa zehn bis dreißig Minuten bequem hin, bis die Auflage entfernt wird.

Sie werden sehen, daß diese Vorbereitungen sich lohnen!

Masken und Kompressen

Apfel-Bienenhonig-Maske

1 geriebener Apfel, | *1 Kaffeelöffel Bienenhonig*

Man rührt den geriebenen Apfel und den Bienenhonig zusammen und trägt das Gemisch auf die vorher gereinigte Haut von Gesicht, Hals und Dekolleté.
Die Maske soll 25 Minuten einwirken. Sie wird mit lauwarmem Wasser abgenommen.
Diese Maske erfrischt und nährt, stärkt und tonisiert.

Apfel-Hafermark-Maske

1 Apfel,
1 Teelöffel Bienenhonig,
1 Eßlöffel Hafermark

Der gereinigte Apfel wird mitsamt der Schale auf feiner Reibe zu Brei gerieben. Man rührt den Bienenhonig unter und fügt das Hafermark zu.
Bevor die Apfel-Hafermark-Maske aufgetragen wird, reinigt man die Haut und reibt sie fein mit Nähr- und Vitaminöl ein. Erst dann kommt die Maske.
Sie bleibt 30 Minuten liegen und wird dann lauwarm abgewaschen.
Sie wirkt vor allem bei trockener, fahler, unterernährter Haut sehr gut.

Apfelsaftkompresse

1 säuerlicher Apfel,
1 dünnes Stück Flor oder Leinwand

Der gewaschene Apfel wird auf einer Reibe ganz fein gerieben. Dann drückt man ihn durch ein Haar- oder feines Kaffeesieb. In dem gewonnenen Saft tränkt man Flor oder Leinwand und legt die Kompresse auf die vorher gereinigte Haut von Gesicht und Hals.
Etwa 20 Minuten einwirken lassen.

Das im Apfel reichlich enthaltene Pektin vermehrt die Feuchtigkeitsaufnahmefähigkeit der Haut. Dadurch wird die Haut prall, frisch und rosig. Bei schlaffer, trockener Haut sollte die Apfelsaftkompresse regelmäßig angewandt werden.

Bienenhonig-Leinsamen-Maske

2 Eßlöffel gequetschter Leinsamen,
1 Eßlöffel Bienenhonig,
3 Eßlöffel warmes Wasser

Leinsamen und Wasser werden kurz aufgekocht, so daß sich eine gallertartige Masse bildet. Unter Rühren, kurz vor dem Erkalten, gibt man den Bienenhonig dazu.
Die Masse kann dann nochmals etwas erwärmt, jedoch nicht erhitzt werden. Sie wird auf die gereinigte Haut von Gesicht, Hals und Dekolleté gestrichen. Darüber kommt ein Stück Seidenpapier, das die Nasenöffnung frei läßt. Möglichst 35 Minuten bis eine Stunde wirken lassen. Danach mit Eibischtee oder warmem Wasser abwaschen.
Anschließend können eventuell vorhandene Mitesser vorsichtig zwischen Zellstofftüchern oder Wattebäuschen ausgedrückt werden.
Diese Maske erweicht Mitesser, Unreinheiten, sie wirkt kräftigend und festigend auf die Konturen, gibt fahler Haut frischere Farbe.

Bienenhonig-Mandel-Maske

2 Eßlöffel Mandelkleie,
1 Teelöffel Bienenhonig,
1 Eßlöffel süße Sahne,
1 Eigelb

Alle Zutaten werden vorsichtig zu einer cremigen Masse gerührt. Dann trägt man sie mit dem Spatel oder Kosmetikpinsel auf die vorher gereinigte Haut von Gesicht, Hals und Dekolleté.
Die Bienenhonig-Mandel-Maske soll mindestens 20 Minuten einwirken. Sie wird mit warmem Wasser oder Lindenblütentee abgewaschen.
Diese Maske wirkt nicht nur nährend und glättend, sondern auch beruhigend und besänftigend bei rauher, fleckiger, irritierter Haut.

Haferflocken-Buttermilch-Maske

2 Eßlöffel feine Haferflocken,
½ Tasse Buttermilch

Die Haferflocken rührt man in der Buttermilch an und läßt sie kurz aufquellen. Dann streicht man die Masse mit dem Spatel oder Pinsel auf die gereinigte Haut von Gesicht, Hals und Dekolleté.
Die Haferflocken-Buttermilch-Maske muß mindestens 30 Minuten bei entspannter Körperlage einwirken. Man wäscht sie mit Buttermilch ab.
Haferflocken enthalten wertvolle Eiweiß- und Fettstoffe, dazu Lezithin, Kohlehydrate, Vitamine und Mineralstoffe. Sie nähren die Haut und wirken aufbauend. Haferflocken eignen sich zur innerlichen wie äußerlichen Kosmetik hervorragend.

Haferflocken-Milch-Maske

½ Tasse Haferflocken, fein,
½ Tasse Milch,
2 Eßlöffel Rosenwasser

Die feinen Haferflocken werden mit der Milch zu einem dicken Brei gekocht. Dann rührt man das Rosenwasser unter die erkaltende Masse. Noch warm wird die Haferflocken-Milch-Maske auf die gereinigte Haut von Gesicht, Hals und Dekolleté gestrichen.
Die Maske soll 30 Minuten einwirken. Sie wird mit warmem Wasser abgenommen.
Diese Maske wirkt vorzüglich nährend, pflegend, glättend und straffend. Sie ist vor allem bei alternder, schlaffer, unterernährter und faltiger Haut geeignet.

Heilerdemaske

1 Eßlöffel Heilerde,
1 Eßlöffel warmes Wasser oder Rosenwasser

Beide Zutaten werden so angerührt, daß ein dünner Brei entsteht. Er wird mit feinem Pinsel auf die vorher gereinigte Haut von Gesicht, Hals und Dekolleté aufgetragen.
Die Heilerdemaske muß etwa 20 Minuten einwirken. Dann wäscht man sie mit lauwarmem Wasser ab.
Heilerde wirkt stark straffend und reinigend. Sie hilft wirksam gegen Akne, unreine, fettige Haut, gegen Mitesser, große Poren und erschlaffende Partien.

Honig-Fenchel-Maske

1 Kaffeelöffel Fenchelsamen pulverisiert,
1 Kaffeelöffel Bienenhonig,
1 Kaffeelöffel warmes Wasser

Aus obigen Zutaten rührt man einen Brei an. Er wird auf Sommersprossen und braune Hautflecken aufgetragen. Man läßt ihn 15 Minuten einwirken. Danach wird er mit Wegwartetee oder handwarmer Milch abgewaschen.
Die Wirkung dieser Honig-Fenchel-Maske kann sich natürlich nur bei regelmäßiger Anwendung zeigen.

Honig-Glyzerin-Verjüngungsmaske

20 g Bienenhonig,
25 g Glyzerin,
10 g süßes Mandelöl,
35 g Rosenwasser

Im heißen Wasserbad werden Glyzerin und süßes Mandelöl zusammengerührt. Das Rosenwasser wird separat erwärmt, der Honig darin aufgelöst und beides noch warm mit der Fettschmelze vermischt.
In braunen Apothekerfläschchen wird die Honig-Glyzerin-Verjüngungsmaske aufgehoben.
Sie kann nach einem anstrengenden Tag, wenn man rasch erholt und

frisch aussehen will, aufgetragen werden und bleibt 20 Minuten auf der Haut, um einzuwirken. Danach mit kaltem Wasser abnehmen und eine Tagescreme auftragen. Diese Maske kann häufig angewendet werden. Sie ist besonders für die reife, fettige Haut gedacht.

Joghurt-Straffungsmaske

3 Eßlöffel frischer Joghurt (Natur-Joghurt),
1 Kaffeelöffel Milchin,
1 Messerspitze Agar-Agar

Man verschlägt den Joghurt mit Milchin und Agar-Agar tüchtig, so daß sich eine klümpchenfreie Masse bildet.
Mit Spatel oder Pinsel trägt man die Maske auf die vorher gereinigte Haut von Gesicht, Hals und Dekolleté auf. Die Augenlider bleiben frei!
Man läßt sie bei entspannter Körperlage ca. 30 bis 40 Minuten einwirken. Danach wird sie mit lauwarmem Wasser abgenommen.
Durch die Fermente des Joghurts und die wertvollen Wirkstoffe der Algen, die im Agar-Agar enthalten sind, wird die Haut nachhaltig gestrafft, erfrischt und der Säuremantel der Haut hervorragend gestärkt.

Malvenkompresse

1 Beutelchen Malventee,
1 Eßlöffel Bienenhonig

1 Beutelchen Malventee wird mit einer Tasse kochendem Wasser übergossen. Man läßt ihn etwas ziehen. Noch vor dem Erkalten wird der Bienenhonig untergerührt.
Mit dem Malventee wird ein Leinen- oder Flortüchlein getränkt und auf die vorher gereinigte Haut von Gesicht, Hals und Dekolleté gelegt.
25 bis 30 Minuten entspannt einwirken lassen. Danach eine gute Hautnährcreme vorsichtig einklopfen.
Malven wirken gefäßverengend und stärkend. Sie finden vielfach Anwendung bei Rosacea – erweiterten Äderchen auf den Wangen und an den Nasenflügeln. Auch bei Hautausschlägen, die schlecht heilen, ist die Malvenkompresse sehr zu empfehlen.

Cremepack mit Mandelcreme

35 g Mandelmus,
20 g süßes Mandelöl,
1 Messerspitze Milchin-Pulver,
15 g Mandelkleie

Man bereitet aus den Zutaten eine streichfähige, cremeartige Masse. Nachdem man die Haut von Gesicht, Hals und Dekolleté gereinigt hat, wird der Cremepack in mehreren Schichten mit dem Kosmetikpinsel oder -spatel aufgetragen.
Der Cremepack muß mindestens 30 bis 40 Minuten, besser jedoch länger einwirken. Er wird mit lauwarmer Milch abgewaschen.
Die Wirkung ist durch den hohen Gehalt an Vitaminen A, B_1, B_2 und C sowie die nährenden und regenerierenden Öle der Mandeln hervorragend. Der Cremepack nährt und beruhigt. Er ist speziell bei trockener, unterernährter, sehr reifer, leicht gereizter und nervöser Haut zu empfehlen.

Petersilienkompresse

1 Sträußchen frische Petersilie,
1 Tasse Wasser

Die Petersilie wird feinst gewiegt. Dann übergießt man sie mit dem kochenden Wasser. Man läßt zugedeckt zwei Stunden lang ziehen. Danach seiht man sie durch ein Flor- oder Batisttüchlein ab.
Ist das Petersilienwasser erkaltet, benutzt man es zur Kompresse.
Die Wirkstoffe der Petersilie sind bei unreiner Haut und Akne angezeigt. Außerdem beruhigt und läutert Petersilie die Haut.

Masque Velours

50 g Weizenkeimöl,
150 g weißer Ton
(Bolus alba),
150 g Trockenmilchpulver

Nachdem man den Ton und das Trockenmilchpulver in einer Porzellanschale gemischt hat, wird die Mischung mit dem Weizenkeimöl gründlich verrieben. Wenn vorhanden, kann man alles noch durch ein Seidensieb mit 0,30 mm Maschenweite bürsten.
Die Masque Velours wird in gut verschließbarer Porzellan- oder Glasdose aufgehoben.
Jeweils ein Eßlöffel fertiger Masque Velours wird mit warmem Wasser zu einem streichfähigen Brei verrührt und mit dem Pinsel auf die gereinigte Haut von Gesicht, Hals und Dekolleté aufgetragen.
Man läßt die Maske 15 Minuten einwirken und wäscht sie dann mit warmem Wasser ab.
Auch bei faltigem Handrücken ist diese Maske sehr wirksam. Sie wirkt besonders hautstraffend, durchblutungsfördernd, reinigend und klärend. Sie empfiehlt sich auch bei Akne und Eiterpusteln.

Weizenkleiemaske à la Nofretete

3 Eßlöffel Weizenkleie,
1 Eßlöffel Bienenhonig,
1 Messerspitze Milchin-Pulver,
1 Messerspitze Agar-Agar,
½ Tasse frische Milch

Weizenkleie und Milchin-Pulver gut mischen, das Agar-Agar dazugeben, die Milch erhitzen und unterrühren. Zum Schluß den Bienenhonig beigeben.
Die Weizenkleiemaske auf die gereinigte Haut von Gesicht, Hals und Dekolleté etwa messerrückendick auftragen. Sie bleibt mindestens 40 Minuten liegen. Dann wird sie mit warmem Wasser abgewaschen. Anschließend wird eine kalte Kompresse aufgelegt.
Diese Maske erweicht Hautunreinheiten wie Mitesser, Pickel, Pusteln. Sie wirkt außerdem nährend und pflegend. Sie besänftigt die Haut auch

bei Rötungen und Reizungen. Selbst bei Allergien wird sie mit Erfolg angewandt. Sie macht die Haut sauber, glatt und seidenweich.

Spezial-Halsfaltenmayonnaise

1 Eigelb,
1 Eßlöffel Olivenöl,
½ Zitrone

Man rührt Eigelb und Olivenöl zusammen und gibt tropfenweise unter Rühren den Saft einer halben Zitrone dazu. Ist die Mayonnaise schön sämig und glatt, wird sie auf die vorher gereinigte Haut von Hals und Dekolleté gestrichen. Natürlich ist auch das Gesicht dankbar für diese Spezial-Mayonnaise.
Nach einer Einwirkzeit von 30 Minuten wird die Mayonnaise abgewaschen. Danach wickelt man eine in kaltes Wasser getauchte elastische Binde ganz glatt und so fest wie möglich um den Hals. Man läßt sie mindestens eine Stunde liegen, nimmt sie ab und klopft vorsichtig – von unten nach oben – eine gute Nährcreme ein.
Bei faltigem Hals sollte man diese Mayonnaise dreimal wöchentlich anwenden. Die Wirkung ist verblüffend.

Hautnährpackung

1 Eßlöffel süßes Mandelöl,
1 Eigelb, roh,
1 Teelöffel Bienenhonig

Zutaten miteinander verrühren. Mit Kosmetikpinsel oder Holzspatel auf das vorher gereinigte Gesicht, Hals und Dekolleté auftragen. 20 bis 30 Minuten einwirken lassen. Mit warmem Wasser abnehmen.
Hautnährpackung strafft und nährt die reife Haut. Ein- bis zweimal wöchentlich angewendet, können Erschlaffungen und große Poren weitgehend gebessert werden.

Peeling, Massage, Dampfbad

Mandel-Honig-Frottee

1 Teelöffel süße Mandeln, geschält, gerieben,
1 Teelöffel Bienenhonig,
1 Zitronenschale, ungespritzt, gerieben

Die geriebenen Mandeln eine Nacht lang trocknen lassen, am besten ausgebreitet. Ebenso die heiß gewaschene, abgetrocknete Schale einer ungespritzten Zitrone. Danach mit dem Bienenhonig mischen. Haut reinigen. Danach das Frottee in sanften kreisenden Bewegungen auftragen. Mit warmem Wasser abspülen.
Entfernt, richtig angewandt, Hautunreinheiten, Pickel und Mitesser. Die Wirkstoffe des Bienenhonigs dringen tief ein, regenerieren und tonisieren auch reifere, erschlaffte Haut. Dieses Peeling ist mindestens zweimal monatlich durchzuführen.

Seesandmandelkleie-Peeling

2 Eßlöffel Seesandmandelkleie,
1 Teelöffel Magermilchpulver,
1 Teelöffel Bienenhonig

Zutaten gut miteinander vermischen und auf die vorher gereinigte Haut von Gesicht, Hals und Dekolleté auftragen. Auch Ellenbogen, Knie oder unreine Hautpartien werden in kleinen, kreisenden Bewegungen mit dem Peeling behandelt.
Nach Bedarf zwischendurch mit Wasser befeuchten. Einmassieren, bis sich eine sanfte Rötung zeigt.
Mit lauwarmem Wasser abnehmen und gründlich nachspülen. Dieses Peeling entfernt verhornte Haut und abgestorbene Zellen. Es regt zugleich die Haut zur Regeneration und Bildung neuer Zellen an. Durchblutung und Festigung werden gefördert. Der Effekt ist zugleich erfrischend und verjüngend.

Zitronen-Hautpeeling

1 Zitronenschale, ungespritzt, abgerieben,
½ Teelöffel Olivenöl,
½ Teelöffel Bienenhonig

Die von einer heiß gewaschenen Zitrone abgeriebene Schale wird einige Stunden ausgebreitet getrocknet und anschließend mit Öl und Bienenhonig zu einer geschmeidigen Masse verarbeitet.
Auf die vorher gereinigte, danach angefeuchtete Haut auftragen.
Sanft kreisend abnehmen, danach gut abspülen. Dieses Peeling ist besonders anregend während der heißen Sommerzeit. Es bewirkt außerdem bei intensiver Anwendung eine grundlegende Hauterneuerung und wirkt überdies gegen Mitesser, Pickel und andere Hautunreinheiten.

Spezial-Apfelmassage

1 unreifer Apfel

Der möglichst grüne Apfel wird gewaschen und geviertelt, das Kerngehäuse entfernt.
Mit der Schnittfläche wird die vorher gereinigte Haut mit kreisenden Bewegungen kräftig gerieben. Dadurch gelangt der Wirkstoff Pektin in die tieferen Schichten der Haut, und die Haut kann mehr Feuchtigkeit an sich binden: sie wird straffer und glatter.
Bei erschlaffter, fahler Haut sollte diese Apfelmassage so oft wie möglich durchgeführt werden.

Kräuterdampfbad

5 g Huflattich,
5 g Johanniskrautblüten,
5 g Kamillenblüten,
5 g Lindenblüten,
5 g Quendel,
5 g Rosmarin,
5 g Zinnkraut,
1 l Wasser

Man mischt die Teesorten gut, schichtet sie in eine breite Porzellanschüssel und gießt das sprudelnd kochende Wasser darauf. Die Mischung muß etwa drei Minuten ziehen. Dann breitet man ein Handtuch über den Kopf, das bis über die Schüssel seitlich reicht, und beugt sich mit geschlossenen Augen über das Dampfbad, um die Dämpfe auf die Haut einwirken zu lassen. Ein solches Dampfbad gehört zu den ältesten kosmetischen Anwendungen. Es dient der Erweichung von Pickeln, Mitessern, Pusteln, Furunkeln und Karbunkeln. Bei fettiger, unreiner Haut kann es Wunder wirken. Auch bei starker Erkältung, bei verstopfter Nase und Nebenhöhlenkatarrhen ist ein Kräuterdampfbad höchst wirksam.
Kühlt das Dampfbad ab, kann man nochmals heißes Wasser nachgießen. Nach dem Dampfbad soll man ein trockenes Tuch über den Kopf legen und etwa zehn Minuten die Haut auskühlen lassen. Nicht gleich danach ins Freie gehen! Eine kalte Kompresse schließt die geöffneten Poren wieder.
Will man jedoch Mitesser und Pusteln ausdrücken, nimmt man dies gleich nach dem Dampfbad vor. Einwandfrei sauberes Zellstoffpapier oder Wattebäusche zwischen Daumen und Zeigefinger beider Hände nehmen und vorsichtig damit die Unreinheiten herausdrücken. Vorsicht: langes Drücken kann zu Blutvergiftung führen!

Augenpflege

Augenkompressen
Augentrost-Honig-Lotion
Milde Spezial-Augencreme
Karotten-Balsamcreme
Augenmuskelöl
Augenlidschatten
Brauen- und Wimpernfärbeöl
Wimpernwuchsöl

Augenpflege

Die Augen und ihre Umgebung sind der wichtigste, ausdrucksstärkste Teil Ihres Gesichtes. Deshalb sollten sie auch am meisten gepflegt werden! Schöne Augen haben eine weitgehend faltenfreie Umgebung, straffe Lider, gut geformte, kräftige Brauen und Wimpern und rundherum eine feine Haut, frei von Unreinheiten und Verfärbungen.
Die Augen selbst sollen glänzend und klar sein. Verschmutzte Luft, Tabakrauch, übermäßige Anstrengungen, Wind, Chemikalien können die Augen und ihre Umgebung reizen und schädigen. Sie tun auch der Schönheit Abbruch.
Zum Glück hat uns die Natur viele pflegende, beruhigende und stärkende Substanzen geschenkt, die wir zur Pflege von Augen, Lidern, Brauen und Wimpern verwenden können.
Geduld ist in der Pflege unserer Augen ebenfalls wichtigste Voraussetzung. Täglich sollten ab dem 30. Lebensjahr die Lider mit Augenmuskelöl oder milder Spezial-Augencreme behandelt werden. Sind erst einmal Fältchen und Runzeln, Krähenfüßchen eingegraben, wird es schwer, sie auszulöschen. Sie machen aber ein Gesicht »alt«.
Färbende und wachstumsfördernde Öle für Brauen und Wimpern werden vorsichtig mit einem Spezialbürstchen oder mit Wattestäbchen aufgetragen. Man bürstet einmal in Längsrichtung, dann gegen den »Strich«, so daß die Öle gut eingearbeitet werden. Besondere Geschicklichkeit erfordert das Bürsten der Augenwimpern: mancher ist gegen Öle im Auge empfindlich. Es könnten Reizungen und Bindehautkatarrhe entstehen. Daher: die Wimpern erst ab Wimpernmitte bürsten, nicht ganz an den Wimpernrand beim Auge herangehen. Nicht zu verschwenderisch mit dem Öl umgehen, so daß nichts ins Auge gerät!
Daß die feine, empfindliche Haut der Augenlider weder gezerrt noch geklopft werden soll, ist eigentlich selbstverständlich. Trotzdem sieht man es immer wieder. Auch das Reiben der Augenlider ist absolut zu vermeiden. Es kann Schwellungen, Rötungen, ja sogar Verletzungen des Augapfels bewirken.
Die Cremes und Öle werden ganz zart mit den Fingerspitzen auf die Lider getupft. Die Richtung des Streichens und Tupfens wird nach dem Verlauf der Hautlinien bestimmt: beim Unterlid gehen sie von innen

nach außen, zur Schläfe hin, beim Oberlid von der Schläfe zum inneren Augenwinkel neben der Nasenwurzel. Wenn Sie in dieser Richtung die Kosmetika zart auf die Lidhaut bringen, kann gar nichts passieren! Im Gegenteil, Sie werden bald eine feinere, glattere und straffere Augenumgebung haben als zuvor.

Augenkompressen

5 g Lavendelblüten,
5 g Rosmarinblätter,
5 g Anissamen, gequetscht,
5 g Augentrost,
5 g Fenchelsamen, gequetscht

Man mischt die einzelnen Teesorten, näht sie jeweils in kleine Mull- oder Leinensäckchen ein. Zum Gebrauch werden die Beutelchen mit heißem Wasser übergossen. Sie müssen bis auf Handwärme abkühlen, ehe man sie auf die Augen legt.
Völlig entspannt, bei geschlossenen Lidern, müssen die Kompressen 10 Minuten einwirken. Dann nimmt man sie ab, trocknet die Lider und betupft sie mit Nährcreme oder Augenöl.
Solche Augenkompressen wirken gut gegen geschwollene Lider, gerötete, gereizte, entzündete Augen. Sie erfrischen und stärken, auch bei Überbeanspruchung durch Fernsehen, Lesen, Sonnenbäder und Wind.

Augentrost-Honig-Lotion

½ Kaffeelöffel Augentrostkraut,
1 Teelöffel Bienenhonig,
¼ l Wasser

Augentrostkraut in das sprudelnd kochende Wasser geben, aufwallen lassen, zugedeckt ziehen lassen. Durchfiltern. Den Honig unterrühren.
Leinenläppchen oder Wattebäusche mit der Augentrost-Honig-Lotion tränken und auf die geschlossenen Augen legen. Man kann den Tee auch dünner kochen und die Lotion für Augenbäder mit einer Stilwanne benutzen.
Die Kompressen sollen 10 bis 20 Minuten wirken.
Augentrost wirkt speziell gegen Augenreizungen und Katarrh.

Milde Spezial-Augencreme

50 g Unguentum Lanette,
2 Teelöffel Rosenwasser,
1 Teelöffel Zitronensaft, frisch gepreßt,
1 Teelöffel süßes Mandelöl

Rosenwasser und Zitronensaft werden mit Unguentum Lanette vermischt; anschließend rührt man tropfenweise das Mandelöl unter.
Diese Augencreme wirkt beruhigend, stärkend und pflegend. Bei regelmäßiger Anwendung wird die Haut durch die enthaltenen Vitamine A, B_1, B_2 und E gefestigt und gestrafft. Angezeigt ist diese milde Spezial-Augencreme gleichfalls bei schlaffen Lidern, Tränensäcken, Krähenfüßen und Lidschwellungen.
Abends und morgens eine kleine Menge dieser Creme mit den Fingerspitzen auftupfen, am Unterlid vom äußeren zum inneren Lidwinkel.

Karotten-Balsamcreme

50 g frische, ungesalzene Butter,
3 Eßlöffel Karottensaft,
1 Spritzer Zitronensaft

Die Butter wird schaumig gerührt. Der Karotten- und Zitronensaft wird allmählich untergerührt. Dies kann auch im heißen Wasserbad geschehen. Die Karotten-Balsamcreme wird verschlossen und kühl aufbewahrt.
Karotten enthalten reichlich Vitamin A, dazu die Vitamine B_1, B_2, C und E. Regelmäßige Pflege mit dieser Creme macht die Haut nicht nur auffallend weich und glatt, sondern verstärkt auch die Spannung im Gewebe. Karotten-Balsamcreme pflegt die Umgebung der Augen, mildert Fältchen, Runzeln und Krähenfüße.
Die Haut bekommt einen schönen bräunlichen Schimmer.

Siehe auch
Rosencreme, S. 44
Vitamin-E-Creme, S. 59

Augenmuskelöl mit Pflanzenhormonen

50 g Hopfenblüten,
75 g reines Olivenöl,
50 g süßes Mandelöl,
20 g Weizenkeimöl,
20 g Avocadoöl

Man schichtet die Hopfenblüten zerkleinert in ein weitbauchiges Glas- oder Porzellangefäß. Dann gießt man das Olivenöl darüber, so daß die Hopfenblüten ganz bedeckt sind. Man läßt das Gemisch an warmem Ort oder in der Sonne etwa vier Wochen lang ausziehen.
Danach filtert man die Pflanzenteile ab.
Mandel-, Weizenkeim- und Avocadoöl werden miteinander vermischt und zu dem gewonnenen Hopfenöl gegeben. Alles gut zusammenschütteln. In braunen Apothekerflaschen gut verschlossen aufheben.
Hopfenblüten enthalten reichlich pflanzliche Hormone, und zwar weibliche Keimdrüsenhormone, die nachweislich dieselbe Wirkung auf der Haut entfalten wie tierische Geschlechtshormone, im Gegensatz zu diesen jedoch völlig unschädlich sind.
Das Augenmuskelöl wirkt speziell in der feinen, zarten Umgebung der Augen stärkend und nährend. Es wirkt Falten und Runzeln entgegen und mildert diese weitgehend bei regelmäßiger Anwendung.
Das Öl mit den Fingerspitzen in Richtung des Augenringmuskels auftupfen: am unteren Lid von der Schläfe zur Nasenwurzel, am Oberlid von innen nach außen gehend. Das Öl wird morgens und abends nach der Reinigung aufgetragen.

Augenlidschatten

5 g Kartoffelmehl oder Reisstärke,
1–2 Tropfen Rosenwasser,
eine Idee Lampenschwarz

Man hält einen Teller über eine brennende Kerze. Dadurch bildet sich das sogenannte »Lampenschwarz«. Es wird vorsichtig mit feinem Messer vom Teller abgekratzt und in einem Schälchen gesammelt. Nun verteilt man das Kartoffelmehl oder die Reisstärke darauf und reibt das Gemisch mit einem Holzspatel oder Kosmetikpinsel zusammen. Mit dem Rosenwasser wird die Masse angefeuchtet, damit ein Brei entsteht. Man gibt den Lidschatten in ein passendes Döschen.

Dieser schwarze Lidschatten ist sehr ausgiebig. Er wird zart auf das Oberlid getupft und dort mit dem Pinsel oder den Fingerspitzen verteilt.
Dieser Augenlidschatten ist völlig unschädlich und reizt weder das Auge noch die empfindliche Lidhaut.

Brauen- und Wimpernfärbeöl

1 Tasse Wasser,
20 g Walnußblätter,
1 Eßlöffel Rizinusöl

Man gibt die Walnußblätter in das kalte Wasser und läßt sie 15 Minuten sprudelnd kochen. Nach dem Erkalten filtert man sie ab. Der gewonnene Walnußblättertee wird wieder erhitzt und das Rizinusöl dazugegeben.
Man gießt dieses Färbeöl in ein Fläschchen.
Täglich vor dem Schlafengehen trägt man mit einem Wattestäbchen das Färbeöl auf Brauen und Wimpern auf und bürstet mit der Spezial-Wimpernbürste nach.
Das Brauen- und Wimpernfärbeöl regt das Wachstum an und tönt außerdem dunkler.

Wimpernwuchsöl

50 g Rizinusöl,
10 g Walrat,
30 g Weizenkeimöl,
25 g Lanolin

Man gibt die Zutaten zusammen in einen hohen Plastiktopf und schmilzt sie unter Rühren im heißen Wasserbad zusammen. Dann gießt man sie noch warm in ein Porzellantöpfchen. Verschlossen und kühl aufheben.
Dieses Wimpernwuchsöl kann die Augenlider nicht reizen. Es wirkt auch nicht – wie reines Rizinusöl – staubanziehend.
Es kräftigt die zarten Härchen und fördert ihr Wachstum bei regelmäßiger Anwendung.

Mund- und Zahnpflege

Mund- und Zahnpflege

Worum geht es bei aller Mund- und Zahnpflege?
Zuerst einmal darum, die Zähne von den Resten der aufgenommenen Nahrung zu befreien – doch nicht nur die Zähne selbst, sondern auch die Zahnzwischenräume und das umgebende Zahnfleisch. Geschieht dies nicht – oder nur unregelmäßig –, bleibt ein Belag (Plaque genannt) auf den Zähnen, der zu Karies führen kann. Andere Folgen mangelnder Mundhygiene sind Zahnfleischerkrankungen, Zahnverlust, übler Mundgeruch.

Weitverbreitet ist heute die Parodontose mit Zahnfleischbluten und Schwund des Zahnfleisches vom Zahnhals, was zum Verlust des ganzen Gebisses führen kann.

Es geht also nicht in erster Linie darum, die Zähne nur »weiß« zu bekommen, wobei viele Zähne von Natur her gar nicht »blendend weiß« sind, sondern eher gelblichweiß wirken. Im Gegenteil: viele Zahncremes enthalten bleichende Zusätze, die den Zahnschmelz angreifen, ihn zerkratzen, oder freie Säuren, die den Zahnstein ablösen sollen, dabei jedoch auch den Schmelz angreifen.

Unsere Zahnpasten, Zahnpulver und Mundwässer auf pflanzlicher Basis können nicht schaden, da ihnen solche Zusätze gänzlich fehlen. Sie müssen aber täglich zweimal, einmal morgens und einmal abends vor dem Schlafengehen, angewandt werden.

Noch ein Wort zum Zähneputzen: Man putzt immer von Rot nach Weiß. Nämlich vom Zahnfleisch zum Zahn hin, nicht waagerecht also, sondern senkrecht auf und ab. Die Zahnbürste soll nicht allzu hart sein, weil sie das Zahnfleisch sonst verletzen kann. Wertvoll sind echte Borsten; wer besonders empfindliches Zahnfleisch hat, wählt eine Zahnbürste aus Ziegenhaar.

Eibisch-Mundtonikum

10 g Eibischwurzel,
10 g Anissamen,
10 g Fenchelsamen,
150 g Alkohol, 50%

Die drei Kräutersorten werden zerkleinert und miteinander gemischt. Man schichtet sie in ein luftdicht verschließbares Glas und übergießt sie mit dem Alkohol.
Das Gemisch muß etwa zehn Tage ziehen.
Danach filtert man durch Kaffeefilterpapier ab und gießt es in braune Apothekerfläschchen. Es wird dunkel und kühl aufbewahrt.
Dieses Eibisch-Mundtonikum wird tropfenweise auf ein Glas warmes Wasser zur täglichen Mundspülung verwendet.
Seine Wirkung richtet sich speziell gegen Entzündungen des Zahnfleisches, Zahnfleischbluten, Paradentitis in ihrem Anfangsstadium. Auch bei üblem Mundgeruch hilft Eibisch-Mundtonikum sehr rasch. Der Atem wird wohlriechend und frisch.

Sandelholz-Mundwasser

30 g Sandelholz,
3/4 l Weingeist, verdünnt

Man zerkleinert das Sandelholz und gibt es in eine weitbauchige Flasche. Dann wird es mit dem Weingeist übergossen.
Die Mischung muß etwa vier bis fünf Wochen lang an einem warmen Ort ausziehen. Danach wird sie durchgefiltert.
Dieses Sandelholz-Mundwasser wird in einer Quantität von einem Teelöffel auf ein Glas warmes Wasser zur Spülung und Reinigung der Mundhöhle angewandt. Seine blutungshemmende, desinfizierende Wirkung erhält das Zahnfleisch straff und fest. Es läßt Entzündungen rasch abklingen.
Auch bei Paradentitis und Mundfäule ist Sandelholz-Mundwasser sehr zu empfehlen.

Großmamas Zahnpasta

50 g frische Talgkern- oder Olivenölseife,
120 g Glyzerin, weiß, destilliert,
125 g destilliertes Wasser,
5 g Tragant (Schleimstoff),
10 g Alkohol,
100 g Calciumcarbonat,
50 g Kolloid-Kaolin (Schlämmkreide),
10 g Pfefferminzöl

Man schneidet die Seife in feine Schnitze, gießt die Hälfte des destillierten Wassers darüber und schmilzt sie im hohen Plastiktopf im heißen Wasserbad unter ständigem Rühren flüssig. Dann gibt man den Alkohol dazu. Es folgt das Glyzerin. Der Tragant wird mit der gesiebten Schlämmkreide gut zusammengerührt, dann fügt man das gesiebte Calciumcarbonat hinzu, ebenso das Pfefferminzöl. Das Gemisch muß klümpchenfrei zusammengerührt werden. Nun rührt man dieses Gemisch mit der Seifen-Alkohol-Glyzerin-Schmelze zusammen. Die Masse muß bis zum völligen Erkalten gründlich gerührt werden.
Sie wird am besten in einem Steingutgefäß aufgehoben. Vor dem endgültigen Gebrauch soll sie unbedingt fünf bis sechs Tage ruhen.
Diese selbsthergestellte Zahnpasta aus »Großmamas« Zeit ist vorzüglich reinigend und pflegend. Sie wird auf die angefeuchtete Zahnbürste in kleinen Zentimeterstückchen gegeben. Dann putzt man damit die Zähne in vertikaler Richtung, vom Zahnfleisch ausgehend ab- und aufwärts. Man spült mit warmem Wasser ausgiebig nach.
Man kann auch gutes Mundwasser aus dieser Zahnpasta herstellen, indem man jeweils ein kleines Stück in ein Glas warmes Wasser gibt, gut umrührt und damit die Mundhöhle ausspült.
Die Zahnzwischenräume werden hervorragend von Speiseresten, Bakterien und Fremdkörpern gereinigt. Die Zähne werden weiß und glänzend. Und der Zahnschmelz wird nicht angegriffen, wie dies bei gekauften Zahnpasten häufig der Fall ist.

Salbei-Linde-Tormentill-Zahnpulver

10 g Salbeipulver,
10 g Holzkohle aus Linde,
10 g Tormentillwurzel, pulverisiert

Die Zutaten werden gut miteinander vermischt. Man hebt sie trocken und verschlossen in einem Glasgefäß auf.
Eine kleine Quantität dieses Zahnpulvers wird auf die angefeuchtete Zahnbürste gestreut. Man putzt die Zähne in vertikaler Richtung damit etwa drei Minuten lang.
Infolge der in der Tormentillwurzel enthaltenen Gerbsäure und des wundheilenden ätherischen Öles des Salbei übt dieses Zahnpulver einen vorzüglichen Einfluß auf krankes, weiches, leicht blutendes Zahnfleisch aus. Es reinigt die Zwischenräume der Zähne nachhaltig und wirkt atemerfrischend und zahnfleischkräftigend.

Zitronen-Zahnpulver

10 g Meersalz,
50 g Kaolin,
15 g Milchzucker,
15 g medizinisches Seifenpulver,
10 g frischer Zitronensaft,
5 g Natriumbicarbonat (Natron, Speisesoda)

Alle Zutaten werden unter Rühren miteinander vermischt. Das gewonnene Zitronen-Zahnpulver wird in einem Glasgefäß luftdicht verschlossen und dunkel aufbewahrt.
Zitronen-Zahnpulver wird vor dem Gebrauch immer wieder gut aufgeschüttelt. Man streut es auf die angefeuchtete Zahnbürste und putzt damit die Zähne vom Zahnfleisch beginnend zur Zahnfläche hin, auf- und abwärts, keinesfalls jedoch quer, wie dies gedankenlos so gern praktiziert wird. Danach behält man das Zitronen-Zahnpulver im Mund, nimmt einen Schluck warmes Wasser und spült mit dem Gemisch gründlich nach, wobei man das Wasser durch die Zwischenräume der Zähne hindurchpreßt.
Zitronen-Zahnpulver hat desinfizierende, sanft bleichende, kräftigende Wirkung. Der Gehalt an Vitamin C hält das Zahnfleisch rosig und straff.

Zitronen-Orangenschalen-Zahnpulver

50 g Orangen- und Zitronenschalen, getrocknet,
20 g Meersalz,
5 g Speisesoda (Natron)

Die Schalen von naturbelassenen, ungespritzten Orangen und Zitronen werden fein abgerieben, gemischt und einige Tage zum Trocknen beiseite gestellt. Dann werden sie mit dem Meersalz und dem Speisesoda vermischt.
Das Zitronen-Orangenschalen-Zahnpulver soll trocken und verschlossen aufbewahrt werden.
Jeweils eine kleine Quantität auf die angefeuchtete Zahnbürste streuen und die Zähne damit putzen – auch auf der Rückseite des Ober- und Unterkiefers.
Die aromatischen Öle der Fruchtschalen üben einen desinfizierenden Reiz auf Zähne, Zahnfleisch und Mundhöhle aus.

Medizinische Zahnseide

1 Rolle weiße Nähseide,
1 weiße Kerze

Die weiße Nähseide wird in Abschnitten vor dem Gebrauch durch die Kerze an ihrem unteren Teil durchgezogen. Man reinigt damit auf hervorragende Weise die Zahnzwischenräume, indem man die Zahnseide zwischen den Zähnen durchzieht. Damit lassen sich Speisereste nach dem Essen am nachhaltigsten entfernen. Etwas medizinische Zahnseide kann man leicht im Kosmetikbeutelchen tagsüber mit sich führen.

Lippenöl-Schminke

20 g Olivenöl,
10 g Avocadoöl,
10 g frische, ungesalzene Butter,
30 g Lanolin,
1 Kaffeelöffel roher Rote-Bete-Saft

Diese Lippenöl-Schminke kann auch als Wangenrouge verwendet werden. Es ist eine völlig natürliche, pflegende Schminke, die keinerlei Allergien oder Reizungen erzeugt.
Im heißen Wasserbad werden zuerst die Fette zusammengeschmolzen. Dann rührt man bis zum völligen Erkalten weiter und gibt kurz vorher noch den Rote-Bete-Saft dazu.
Die Masse wird in ein Porzellantöpfchen gefüllt und gut verschlossen gehalten.

Haarpflege

Haarwäsche und Färben

Mildes Ei-Haarshampoo
Trocken-Haarwäsche
Natürliche Haarfärbung
Blonde Haare aufhellen
Kamillenblondierung
Die Dunkeltönung
Dunkelfärbung

Haarwässer

Brennessel-Haarwasser
Brennessel-Zitronen-Haarwasser
Honig-Haarwasser nach alten Rezepten
Honig-Walnuß-Haarwasser
Kamillen-Haarwasser
Biologisches Kräuter-Haarwasser
Meerrettich-Haarwasser
Zwiebel-Haartinktur

Pflege bei Haarschäden

Brunnenkresse-Haarbalsam (Kreisförmiger Haarausfall)
Hopfen-Haarsalbe (Haarausfall)
Hormon-Haarwasser (Haarausfall)
Antispliss-Haarkur

Haarpflege

Ob Eva oder Adam: schönes, volles, gut frisiertes Haar gewinnt! Mit gepflegten Haaren läßt sich mancher andere Schönheitsmangel ausgleichen. Hinzu kommt, daß der Haarboden ganz besonders auf äußere Einflüsse reagiert. Es läßt sich mit Fug und Recht behaupten, daß für unser Haar ausschließlich natürliche Pflegemittel angewandt werden dürften! Chemische Präparate schaden mehr, als sie nützen. Haarschäden, Ekzeme, Haarausfall sind letzte Folgen einer unnatürlichen Haar- und Kopfhautpflege.

Haarwäsche und Färben

Mildes Ei-Haarshampoo

100 g Grundseife, pulverisiert,
15 g pulverisierte Kokosseife,
25 g pulverisiertes Natron (Speisesoda),
15 g pulverisierter Borax,
10 g Volleipulver,
1 Tropfen Parfüm

Haare und Kopfhaut sollen auf milde, reizlose Art gründlich gereinigt werden. Haarwäsche und Haarpflege gehen dabei Hand in Hand. Hier ein natürliches Haarshampoo-Rezept, das je nach Länge des Haares vier bis acht Wäschen zuläßt. Die Zutaten erhalten wir in Drogerie oder Apotheke.

Die Zutaten zusammenschütten, in Porzellan- oder Glasbehälter luftdicht verschließen, vor jedem Gebrauch gut schütteln.

Feine, dünne, unterernährte Haare erhalten durch dieses pflegende Shampoo Fülle und Glanz. Die Haarstruktur wird bei regelmäßiger Behandlung gefestigt.

Trocken-Haarwäsche

125 g Reisstärkepuder,
25 g pulverisierte Kieselsäure,
10 g pulverisierter Borax,
10 g Arnikablütentinktur

Für die trockene Haarwäsche »zwischendurch« verwenden wir ebenfalls ein garantiert unschädliches Arnika-Trockenshampoo.
Alle Zutaten werden unter Rühren gut miteinander verrieben und durch ein Haarsieb geschüttelt.
Man bewahrt das Trockenshampoo in Puderschachteln oder Siebdosen auf, die einen dicht schließenden Deckel haben. Es ist vor Feuchtigkeit zu schützen.
Die Anwendung ist einfach: Auf die Haare stäuben, kurz einwirken lassen, mit Frotteehandtuch kräftig durchreiben, ausbürsten, fertig! Das Haar wird entfettet, locker und glänzend. Es läßt sich leicht frisieren.

Natürliche Haarfärbung

Kamille, Römische: für blonde Haare,
Zitrone: für blonde Haare,
Zwiebelschalen (Küchenzwiebel): für braunes Haar,
Teeblätter, echte: für dunkelbraunes Haar,
Nußschalen, grüne: für mittel- bis dunkelbraunes Haar,
Walnußblätter: für dunkelbraunes Haar,
Henna, schwarzfärbend, mit Türkischen Gallapfeln gemischt: für schwarze Haare

Nicht jede Haut verträgt künstliche Haarfarben. Oft lösen die darin enthaltenen Chemikalien Allergien der Kopfhaut aus, die dann sehr hartnäckig sind. Viel besser ist es daher, die Haare mit pflanzlichen Färbemitteln zu behandeln. Solche pflanzlichen Farben bietet uns die Natur:

Wenn man lediglich die natürliche Haarfarbe um eine Nuance verändern möchte, so ist das am einfachsten zu erreichen.

Blonde Haare aufhellen

Mit neutralem Shampoo waschen und trocknen. Saft einer halben Zitrone gut in das Haar einreiben. 30 Minuten wirken lassen. Dann ausspülen.

Kamillenblondierung

200 g Römische-Kamillen-Blüten,
1 l Wasser,
½ Zitrone

Man läßt die Kamillenblüten im Wasser 15 Minuten kochen. Zugedeckt abkühlen lassen und durchseihen. Dann fügt man den Saft einer halben Zitrone hinzu und mischt gut.
Die Haare werden mit normalem Shampoo gewaschen und getrocknet. Dann gießt man die Flüssigkeit darüber und reibt sie gut in die Haare ein. Am erfolgreichsten ist es, wenn man die Haare danach an der Sonne trocknen läßt.

Die Dunkeltönung (4 Rezepte)

50 g Zwiebelschalen, äußere, *1 Tasse Wasser*

Die trockenen, bräunlichen Zwiebelschalen werden mit dem kalten Wasser zum Feuer gesetzt und fünf Minuten lang gekocht. Danach abseihen. Zu dem erhaltenen braunen Absud gibt man – wenn gewünscht – einen Tropfen beliebiges Öl zur Geruchsverbesserung.
Täglich zwei- bis dreimal die Haare mit dem Absud einreiben und lufttrocknen lassen, bis die gewünschte Tönung erreicht ist.
Die Tönung muß immer wieder vorgenommen werden, sie hält nur bis zur nächsten Haarwäsche vor.

5 g echter Tee, *½ Tasse Wasser*

Dasselbe kann man mit echtem Tee machen: Etwa fünf Minuten kochen lassen. Bis zum Erkalten zugedeckt stehenlassen. Abgießen und wie oben verfahren.

20 frische Efeublätter, *1 Tasse Wasser*
50 g pulverisierte Walnußblätter,

Man kocht die Efeu- und Walnußblätter in dem Wasser fünf Minuten lang. Abgießen und in braunen Apothekerfläschchen kühl aufheben.
Wie oben verfahren.
Aus frischen grünen Walnußschalen, pulverisiert, wurde früher ein Absud hergestellt, mit dem man dieselben Wirkungen erzielt. Da es dieses Pulver heute nicht mehr gibt, kann man sich die grünen Walnußschalen nur selber zerkleinern und in einer Mandel- oder Schrotmühle fein mahlen. Auf 20 g dieses gewonnenen Pulvers kommt eine Tasse Wasser. Zubereitung wie oben.

Dunkelfärbung

20 g Hennafärbung, dunkel
(in Reformhäusern und
Indien-Boutiquen)

Die Haarfärbung erfolgt nach Anweisung auf der Packung. Vorher mit normalem, möglichst alkalifreiem Shampoo waschen. Zum Schutz der Haut Nacken, Schläfen, Stirn und Ohrenansatz mit Fettcreme oder Vaseline einfetten.
Nach gründlichem Ausspülen der Hennafärbung die Haare möglichst lufttrocknen.

Haarwässer

Brennessel-Haarwasser

100 g Brennesselblätter,
frisch oder getrocknet,
50 g Wein- oder Apfelessig,
150 g destilliertes Wasser

Gegen Haarausfall wandten schon unsere Urgroßmütter mit großem Erfolg die heilenden Kräfte der Brennessel an. Hier ein einfaches Rezept für ein Brennessel-Haarwasser, das die Haare zugleich weich, frisierbar und glänzend macht.
Man gibt die Brennesselblätter mit dem Wasser-Essig-Gemisch zusammen in einen emaillierten Topf. Das Gemisch wird ca. 20 Minuten sprudelnd gekocht. Man läßt es drei Stunden zugedeckt abkühlen und ziehen. Danach wird es durchgefiltert, wobei die Brennesselblätter noch ausgepreßt werden; das gewonnene Haarwasser wird in verschließbaren Flaschen aufbewahrt.

Brennessel-Zitronen-Haarwasser

1 Handvoll grüne Brennesselblätter,
¼ l Wasser,
¼ l Essig,
Saft einer halben Zitrone

Schönheit verlangt nach ständiger Pflege! Auch die Schönheit unserer Haare. Hier das Rezept für ein Haarwasser, das pflegt, erfrischt und gewisse Haarmängel allmählich behebt.
Die grünen Brennesselblätter werden zerkleinert, mit dem Wasser-Essig-Gemisch ca. 20 Minuten sprudelnd kochen lassen. Nach dem Erkalten durch ein Leintuch gießen, Pflanzenrückstand gut auspressen. Man füllt das erkaltete Haarwasser in braune Apothekerflaschen und verschließt fest.
Die in der Brennessel enthaltenen Gerbstoffe, Kiesel- und Ameisensäure, die Mineralsalze, Enzyme, Lezithin, Vitamine A und C, Chlorophyll und Glykoside wirken durchblutungsfördernd und nährend.
Damit eignet sich Brennessel-Zitronen-Haarwasser sehr gut bei Haarausfall, schütterem Haarwuchs, fettigem Haar, bei Kopfjucken und Reizungen des Haarbodens.

Honig-Haarwasser nach alten Rezepten

½ l destilliertes Wasser,
2 Eßlöffel Bienenhonig,
1 Teelöffel Glyzerin

Man kann auch Leitungswasser zehn Minuten sprudelnd kochen lassen, anstelle von destilliertem Wasser aus der Apotheke. Die Zutaten werden durch Schütteln miteinander vermischt. Gut verschlossen, wird das Honig-Haarwasser am besten in braunen Apothekerflaschen aufgehoben.
Es hat sich bei Haarausfall, glanzlosem, »fliegendem« Haar bewährt. Bienenhonig nährt und stärkt auch die Haarwurzeln und versorgt sie mit den nötigen Vitalstoffen.

Honig-Walnuß-Haarwasser

50 g Walnußblätter, getrocknet,
75 g grüne Walnußschalen,
1¼ l Wasser,
15 g Bienenhonig

Walnußblätter und -schalen in dem Wasser ca. 35 Minuten kochen. Zugedeckt etwa drei Stunden ziehen lassen. Danach das Gemisch durch Kaffeefilterpapier gießen. Den Bienenhonig gut unterrühren.
Auf verschließbare Flaschen ziehen.
Wer dunkles Haar hat, kann ihm mit diesem Haarwasser eine dunklere, sattere Tönung geben.
Echter, reiner Bienenhonig enthält wertvolle Vitalstoffe, die den Haarboden nähren, pflegen, beruhigen, ihm Impulse geben zu neuem Haarwachstum.
Dieses Honig-Haarwasser hat gleichzeitig eine dunkeltönende Wirkung durch die beigefügten Walnußblätter. Man kann bei täglicher Anwendung schwache Ergrauung abdecken, jedoch hält die Tönung nicht vor. Dafür ist sie aber völlig unschädlich.

Kamillen-Haarwasser

½ l Alkohol, 95%,
¼ l Rosenwasser,
⅛ l Kamillentinktur,
⅛ l Schafgarbentinktur

Diese Zutaten werden in einer dickbauchigen Flasche, die sich gut verschließen läßt, zusammengeschüttelt. Das Haarwasser soll kühl und dunkel aufbewahrt werden.
Kopfboden und Haupthaar werden täglich damit getränkt und massiert.
Pflegend, nährend, beruhigend, den Haarwuchs anregend, jedoch auch mit aufhellendem Effekt für blonde Haare.

Biologisches Kräuter-Haarwasser

10 g Schachtelhalm
10 g Dost
10 g Kleeblüten
10 g Klettenwurzeln
1/4 l Alkohol, 95%
1/4 l Orangenblütenwasser

Die zerkleinerten Pflanzenteile miteinander mischen, in brauner Flasche mit dem Alkohol übergießen und verschließen. Sieben Tage ziehen lassen, dabei immer wieder kräftig durchschütteln. Durch Kaffeefilter gießen. Mit Orangenblütenwasser mischen.
Ein besonders gehaltvolles Haarwasser aus Kräutern, die von alters her als haarwuchsfördernd bekannt sind.
Zur Pflege und bei Haarschäden, Haarausfall und bei brüchigen Haaren mehrmals täglich auftragen und einwirken lassen. Auch auf den Haarboden geben und kreisend einmassieren.

Meerrettich-Haarwasser

10 g frischer Meerrettich, gerieben,
1/4 l Weinessig,
1/8 l Orangenblütenwasser,
1/8 l Rosenwasser

Die Zutaten in weitbauchiger Flasche gut miteinander vermischen und zwei Wochen lang verschlossen halten. Danach durchfiltern, sofern sich noch Rückstände des Meerrettichs zeigen.
Der Meerrettich wird in der Behandlung von Haarausfall viel zuwenig beachtet. Sein hoher Schwefelgehalt stoppt Haarausfall sehr schnell. Auch spärlicher Haarwuchs wird bald kräftig angeregt.

Zwiebel-Haartinktur

1 dicke Zwiebel, enthäutet,
100 g Alkohol, 50%

Die Zwiebel wird fein gehackt. Man gibt sie in eine Flasche und gießt den Alkohol darüber. Die Mischung muß gut verschlossen vier bis fünf Wochen ziehen. Danach gießt man das gewonnene Präparat durch Kaffeefilterpapier.
Die Tinktur wird täglich – am besten abends – angewendet. Etwaiger Zwiebelgeruch verschwindet sofort.
Die Zwiebel enthält schwefelhaltige Verbindungen und Vitamine A, B_1, B_2, C und E. Daher hilft sie bei Kopfschuppen, empfindlicher Kopfhaut, Jucken und Spannungsgefühl sowie Haarausfall.

Pflege bei Haarschäden

Brunnenkresse-Haarbalsam (Kreisförmiger Haarausfall)

40 g Brunnenkresse, frisch gepreßt,
10 g Meerrettich, frisch gepreßt,
60 g Unguentum Lanette,
1 Eßlöffel Olivenöl

Brunnenkressesaft und Meerrettichsaft mischen und mit Unguentum Lanette verrühren. Olivenöl tropfenweise zufügen. Alles zusammen zu einer geschmeidigen Creme rühren. Täglich abends den Haarboden mit diesem Balsam massieren.
Brunnenkresse hat ebenso wie Meerrettich einen hohen Schwefelgehalt sowie organisch gebundenes Jod und Vitamin C.

Hopfen-Haarsalbe (Haarausfall durch Mangel an weiblichen Hormonen)

35 g Hopfendolden,
100 g Olivenöl,
50 g Unguentum Lanette,
40 g »Dr. Wolff«-Basis-Creme, halbfett

Hopfendolden in bauchiger Glasflasche mit Olivenöl übergießen. Zugedeckt an warmem Ort ziehen lassen. Nach etwa einer Woche durch Kaffeefilter gießen, Hopfendolden fest auspressen. Mit Unguentum Lanette und Basis-Creme verrühren.
Hopfendolden sind berühmt wegen ihres Gehaltes an weiblichen Hormonen. Da ein Mangel an weiblichen Hormonen in vielen Fällen für Haarausfall bei Frauen verantwortlich ist, sollte man mit ihrer Hilfe zumindest den Haarverlust stoppen. Oft gelingt es jedoch durch bessere Durchblutung der Kopfhaut, den Haarwuchs wieder zu stärken.

Hormon-Haarwasser (Haarausfall)

35 g Hopfendolden,
⅛ l Rosenwasser,
⅛ l Alkohol 50%

Hopfendolden in bauchiges Glasgefäß geben. Mit Alkohol und Rosenwasser übergießen. Gut durchschütteln. Nach vier Tagen die Flüssigkeit durch ein Haarsieb gießen und Hopfenrückstände auspressen.
Durch die im Hopfen enthaltenen weiblichen Hormone kann hormonell bedingter Haarausfall gestoppt werden. Dieses Haarwasser wird ein- bis zweimal täglich einmassiert. Geeignet für Haarausfall bei Frauen nach den Wechseljahren.

Antispliss-Haarkur

50 g Unguentum Lanette,
20 g Rizinusöl,
15 g Arnikablüten,
40 g süßes Mandelöl,
35 g Dr. »Wolff«-Basis-Creme

Unguentum Lanette mit dem Rizinusöl mischen. Arnikablüten fein zerreiben, in bauchiger Flasche mit Mandelöl übergießen. An sonnigem, warmem Ort verschlossen fünf Tage ziehen lassen. Das Öl-Arnika-Gemisch durch einen Kaffeefilter gießen, Blütenrückstände auspressen. Alle Zutaten miteinander verrühren.
In Porzellangefäß verschlossen aufbewahren. Vor und nach jeder Haarwäsche eine kleine Menge in die Haarspitzen einmassieren.
Wirkungsvoller ist die Kur, wenn man sie 10 Minuten einwirken läßt. Dafür Haare mit Frotteetuch umwickeln und unter Rotlichtlampe erwärmen. Möglichst mit alkalifreiem Shampoo auswaschen.
Nach der Haarwäsche einmassiert, lassen die Haare sich leichter frisieren.

Hand- und Fußpflege

Handpflege

Honey-Jelly
Reine Glyzerin-Handsalbe
Mandel-Honig-Handbalsam
Rosengelee mit Agar-Agar
Glättungspaste
Pflegendes Nagelöl

Fußpflege

Fußpuder
Lavendel-Essig-Fußbad

Hand- und Fußpflege

Man sagt: »Das hat Hand und Fuß!« Was heißen soll: das ist vernünftig! Und vernünftig ist auch die sorgsame Pflege unserer Hände und Gehwerkzeuge. Hände sagen viel über den Menschen aus, dem sie gehören. Füße sollten der »tiefste Punkt der Eleganz« sein – doch durchaus nicht an letzter Stelle rangieren. Denn sie sollen uns ja ein Leben lang tragen, wohin wir wollen.

Und dies möglichst ohne Beschwerden bis ins Alter.

Spätestens ab dem 30. Lebensjahr ist Hand- wie Fußpflege obligatorisch. Vor allem die feine Haut des Handrückens, wird rasch spröde, gerötet, faltig, wenn man ihr nicht genügend Fett, Nähr- und Wirkstoffe zuführt.

Handcreme oder Gelee wird so in die Haut eingearbeitet, als zöge man sich sehr enge Handschuhe an. Man massiert jeden einzelnen Finger von der Spitze zur Handmitte hin und reibt ihn mehrmals zwischen Daumen und Zeigefinger der anderen Hand hin und her. Der Handrücken wird einerseits in Längsrichtung, dann in Querrichtung massiert, am Handgelenk wird quer ausgestrichen. Reibt man nämlich am Handgelenk in Längsrichtung, weitet man auf die Dauer die feine Haut aus, und es kommt zu häßlichen Querfurchen.

Auch am Fuß wird jede Zehe einzeln mit Öl oder Creme eingerieben. Danach, von den Zehen zur Wade aufsteigend, der Fußrücken. Zu Fußschweiß neigende Füße sollten zuerst gebadet und dann mit speziellem Fußpuder eingestäubt werden. Das hemmt die Schweißbildung einerseits und saugt überflüssigen Schweiß auf.

Finger- wie Zehennägel müssen von Zeit zu Zeit mit Nagelöl eingerieben werden, um schön glänzend und glatt zu bleiben. Dabei läßt sich gleichzeitig auch die Nagelhaut zurückschieben.

Wer zu roten Händen neigt, sollte bei jeder Hausarbeit und beim Waschen immer Gummihandschuhe tragen.

Soll die Handcreme oder der Handbalsam nachts besonders gut einwirken, reibt man die Hände damit gut ein und zieht Baumwoll- oder weiße Glacéhandschuhe über. Sie bleiben bis zum Morgen auf den Händen. Die Wirkung ist verblüffend: die Hände werden weiß und samtweich.

Nach diesem Rezept pflegten schon unsere Ururgroßmütter ihre Hände. Es hat sich also bewährt ...

Handpflege

Honey-Jelly

1 Teelöffel Agar-Agar,
100 g Orangenblütenwasser,
1 Teelöffel Bienenhonig,
20 g Glyzerin,
30 g süßes Mandelöl

Agar-Agar klümpchenfrei mit etwas Orangenblütenwasser anrühren. Den Rest des Orangenblütenwassers im heißen Wasserbad erhitzen, jedoch nicht kochen. Gleich anschließend Agar-Agar dazurühren, ebenso Bienenhonig, Glyzerin und süßes Mandelöl und bis zum völligen Erkalten weiterrühren. Das Honiggelee, in Porzellantöpfchen verschlossen, kühl aufbewahren.
Dies ist ein altbewährtes Hautpflegemittel für die Hände und kann auch bei fettiger, großporiger, unreiner Haut im Gesicht, auf Hals und Dekolleté verwendet werden. Es wirkt zusammenziehend, weshalb es auch bei erschlaffter Haut und großen Poren hilft.

Reine Glyzerin-Handsalbe

1 Teelöffel Bienenhonig,
25 g Glyzerin,
2 Telöffel süßes Mandelöl,
1 Teelöffel Stärkemehl,
3 Eßlöffel Rosenwasser

Bienenhonig und Glyzerin miteinander verrühren, Mandelöl dazugeben. Stärkemehl klümpchenfrei mit dem Rosenwasser verrühren.
Zum ersten Gemisch geben und weiterrühren.
Diese gehaltvolle Handsalbe wird abends auf rote, spröde und angegriffene Hände aufgetragen und einmassiert. Darüber zieht man nachts Kosmetikhandschuhe aus Zwirn. Die Wirkung zeigt sich nach mehreren Anwendungen. Sie ist verblüffend: die Hände werden wieder weich, zart und blaß.

Mandel-Honig-Handbalsam

25 g Mandelmus,
10 g Bienenhonig,
20 g Mandelkleie,
1 Eigelb,
1 Tropfen Bittermandelöl

Das Mandelmus wird mit dem Bienenhonig, der vorher im heißen Wasserbad verflüssigt wurde (jedoch *nicht* kochen darf!), zusammengerührt.
Man rührt weiter bis kurz vor dem Erkalten. Dann wird die Mandelkleie dazugegeben, der Tropfen Bittermandelöl und zuletzt – sehr vorsichtig, damit es nicht gerinnt – das Eigelb.
Der Mandel-Honig-Handbalsam wird gut verschlossen im Kühlschrank aufbewahrt. Er muß wegen der leichten Verderblichkeit des Eigelbs innerhalb einer Woche verbraucht werden.
Man nimmt ihn zur Intensivpflege der roten, spröden, rissigen Hände täglich – am besten abends vor dem Schlafengehen. Um die Wirkung zu unterstützen, zieht man Baumwoll- oder Leinenhandschuhe über.

Rosengelee mit Agar-Agar

100 g Rosenwasser,
25 g Alkohol 50%,
50 g Glyzerin,
1 Messerspitze Agar-Agar

Das Agar-Agar wird mit dem Alkohol durchfeuchtet und dann im Porzellangefäß mit dem Glyzerin verrührt. Man gibt das Rosenwasser dazu. Im heißen Wasserbad wird das Gemisch etwas erhitzt, wobei gerührt werden muß. Danach vom Herd nehmen und bis zum Erkalten weiterrühren.
Im Porzellantopf verschlossen und kühl aufheben.
Dieses Rosengelee eignet sich nicht nur ausgezeichnet für die Pflege roter, rissiger und spröder Hände. Es ist auch ein erfrischendes und die Haut spannendes Pflegemittel für den Sommer.

Siehe auch
Feine Aprikosennährcreme, S. 46
Crème Céleste, S. 42
Köstliche Mandel-Ei-Creme, S. 43
Masque Velours, S. 79

Glättungspaste

15 g Mandelkleie,
10 g Iriswurzel, pulverisiert,
10 g Milchin-Pulver,
1–2 Eßlöffel destilliertes Wasser

Mandelkleie, Iriswurzel und Milchin-Pulver werden mit so viel destilliertem Wasser angerührt, daß eine glatte Paste entsteht.
Diese Paste wird messerrückendick auf rauhe Haut gestrichen und damit abgerubbelt. Besonders für die Ellenbogen und Knie, jedoch auch für die Fersenhaut am Fuß geeignet.

Pflegendes Nagelöl

50 g süßes Mandelöl,
25 g Avocadoöl,
25 g Vaseline,
25 g Rizinusöl,
1 Tropfen Bittermandelöl

Im hohen Plastiktopf werden im heißen Wasserbad alle Zutaten unter Rühren miteinander verschmolzen. Man gießt sie in ein Porzellantöpfchen und verschließt gut.
Dieses Nagelöl wirkt ausgezeichnet zur Pflege von Finger- und Fußnägeln. Man fettet damit auch die Nagelhaut ein, bevor sie entfernt wird. Es erhält die Nägel kräftig, biegsam und verhindert bei regelmäßiger Anwendung ihr Einwachsen.

Fußpflege

Fußpuder

50 g Talkum,
15 g Bolus alba,
15 g Eichenrinde, pulverisiert,
10 g Zinkoxyd,
1 Tropfen Parfüm, beliebig

Im Porzellangefäß werden alle Zutaten unter kräftigem Schütteln miteinander vermischt. Dann wird das Gefäß verschlossen.
Regelmäßig nach dem Fußbad stäubt man den Fußpuder über den schon trockenen Fuß. Sehr gut wirkt bei Schweißfüßen und üblem Geruch das Bestäuben der Innenseiten von Strümpfen und Schuhen.
Dieser Fußpuder wirkt durch den Gerbsäuregehalt der Eichenrinde stark schweißhemmend und geruchbindend. Er ist auch bei Fußpilz zu empfehlen.

Lavendel-Essig-Fußbad

50 g Lavendel, frisch oder getrocknet,
1 l Apfelessig,
1 l destilliertes Wasser

Der frische oder getrocknete Lavendel wird in eine weitbauchige Flasche geschichtet. Der Apfelessig wird darübergossen. Das Gemisch muß gut verschlossen an einem warmen Ort etwa drei Wochen ausziehen.
Danach filtert man das Gemisch ab, drückt den Pflanzenrückstand noch gründlich zu dem gewonnenen Lavendelessig und hebt ihn in braunen Apothekerflaschen auf.
Für ein Fußbad gibt man eine Tasse Lavendelessig auf einen Liter heißes Wasser. Man badet die Füße darin bis zum Erkalten des Bades.
Dieses Lavendel-Essig-Fußbad hat sich bei müden, geschwollenen Füßen und Hornhaut bestens bewährt.

Schönheit essen

Zur Regenerierung

(Haut, Haare, Knochen, Knorpel, Zähne)
Drei-Körner-Schönheitsfrühstück, Hagebuttentrank,
Hirnsalat, Innerliche Haarkur, Joghurtspeise,
Karottencocktail, Krebsauflauf,
Leinsamen-Weizenkeim-Müsli,
Meeresfrüchtesalat, Meringuen, Roher Selleriesalat,
Salzburger Nockerln, Schönheitsmokka, Selleriesalat in der Melone,
Tomaten mit Käsesoufflé,
Vanillecreme, Weincreme

Bei Altershaut

Apfelzephir
Bananenschnee
Bienenhonigkur
Creme von Holunderblüten
Honig-Milch-Schönheitstrank
Mandelmilch
Rosencreme

Zur Hautreinigung

Apfelpaste
Artischockenfondue
Chicoréesalat mit Feigen und Orangen
Florentiner Sauerkrautsalat
Honig-Gogolmogol-Aspik
Pfirsich-Geflügelsalat
Schaumkoch von Äpfeln
Schinkenreis mit Bananen
Schönheitstee
Zwiebeln mit Honigsauce

Zur Gewichtsabnahme

Artischocken-Krebse in Gurkenaspik
Baked Potatoes
Kreolensalat
Meerrettichsalat
Melonen-Schinken-Salat
Nuß-Weizenkeim-Kugeln mit Kirschen
Orangencreme
Rindfleisch-Kirsch-Salat
Versteckte Eier
Wildsalat mit Früchten

Bei Hautleiden und -veränderungen

Rote-Bete-Cocktail (Rosacea, Akne, Seborrhoe)

Schönheit essen – keine Utopie

Strahlende Augen, glänzende Haare, weiße Zähne, glatte Haut wünscht sich jede echte Evastochter. In der Jugend sind sie ihr von Natur geschenkt. Später muß sie sich bemühen, diese Attribute wahrer Schönheit zu erhalten. Durch Pflege läßt sich viel erreichen – doch diese Pflege muß von außen und von innen geschehen! Von außen durch natürliche und naturbelassene Pflegemittel, von innen durch Sauerstoff aus frischer Luft, durch reines Wasser und hygienisch einwandfreie, vitamin- und wirkstoffreiche Spezialnahrung.
Bedenken Sie, daß schon 1 cm^2 Oberhaut aus 5 bis 6 Millionen Zellen besteht, die ständig erneuert werden müssen, da die Deckzellen fortwährend absterben und abschuppen.
Unsere Haut ist das regenerationsfähigste Organ unseres Körpers! Wenn wir sie von innen und außen pflegen, kann die Haut unser *jüngstes* Organ sein und *bleiben*!
Zu den Bausteinen jeder Körperzelle gehören Eiweißkörper. Ohne sie ist eine Neubildung von Zellen nicht möglich.
Für die gesunde, organische Ordnung der Haut ist die Versorgung mit Nahrungs-, Wirk- und Vitalstoffen von erstrangiger Bedeutung!

Ganzheitskosmetik führt

Was der Haut von außen entzogen wird, muß ihr auch von außen wieder zugeführt werden!
Was ihr von innen nicht geboten wird, muß durch innerliche Gaben ergänzt und ersetzt werden.
Innerliche Schönheitspflege verlangt nach Hauptnährstoffen und Vitalstoffen in biologischer Wertigkeit. Dazu gehören: Milcheiweiß, Getreidekeimöle, Naturzucker- und Vollkornerzeugnisse, vitaminreiche Weizenkeime, Obst und Gemüse.
Reinigung und Klärung der Haut geschieht über Darm und Niere! Deshalb ist die Regulierung der Darmfunktion durch ballaststoffreiche Ernährung, die Entwässerung durch Gemüsesäfte und Rohkost von entscheidender Bedeutung.

Der tägliche Bedarf

Wenn man weiß, daß man Schönheit essen kann, erhebt sich die andere Frage: Wieviel an Nähr- und Wirkstoffen braucht der Körper, um Form und Schönheit zu erhalten bzw. neu zu erlangen? Das kann uns ein Schema sagen:
Pro Tag braucht eine Frau ca. 60 g Eiweiß, 1,2 g Calcium, 15 mg Eisen, 4 g Vitamin A, 1,8 mg Vitamin B_1, 1,8 mg Vitamin B_2, 100 mg Vitamin C, 1,5 mg Vitamin E, 2,0 mg Vitamin F.
Die Wirkung der Vitamine läßt sich am besten erklären aus den Schäden, die dem Körper bei Vorhandensein einer Avitaminose – eines Mangels an dem entsprechenden Vitamin – erstehen.
Diese sind bei Vitamin A: Störungen des Sehvermögens, Augenschäden, Epithelschäden, Trockenheit und Abschuppung der Haut, Zahnschmelzschäden, Verhornung bzw. Verstopfung der Haarbälge mit Haarausfall, Glanzverlust der Haare, vermehrte Faltenbildung, Veränderungen des Teints.
Vitamin B_2: Mangelerscheinungen mit abnormer Verhornung, nässenden Einrissen um die Mundwinkel, fettigen Abschuppungen in der Nasolabialfalte und in den Augenwinkeln, fettiger Haut mit Entzündungen, Rötungen und Flecken. Spröde, brüchige Fingernägel, Haarschäden.
Vitamin C: Mangelerscheinungen mit Blutungsneigung aus Haut und Schleimhäuten (Zahnfleisch!), Erschlaffung des Bindegewebes und der Haut.
Vitamin E: Bindegewebsschädigungen, Blutzirkulationsstörungen in Haut und Haargefäßen.
Vitamin F: Mangelerscheinungen wie Schuppenbildung, Trockenheit und Sprödigkeit der Haut, anormale Verhornung, Ekzembildung, Haarverlust.

Zur Regenerierung

Drei-Körner-Schönheitsfrühstück

1 Teelöffel Haferkörner,
1 Teelöffel Gerstenkörner,
1 Teelöffel Weizenkörner,
1 Teelöffel Bienenhonig,
1 Teelöffel Kieselerde,
1 Teelöffel Trocken-Magermilch,
1 Teelöffel getrocknete Weinbeeren,
1 Tasse Wasser

Die Getreidekörner werden gemischt und in einer Schrot- oder Kaffeemühle in grober Einstellung durchgemahlen. Man kann sie jedoch auch bereits geschrotet im Reformhaus kaufen.
Der Getreideschrot wird im Wasser kalt zum Feuer gegeben. Nach dreimaligem Aufwallen rührt man so lange weiter, bis die Masse etwas abgekühlt ist. Nun werden Bienenhonig, Kieselerde, die Trocken-Magermilch und die getrockneten Weinbeeren untergerührt.
Man kann noch ein wenig süße oder saure Sahne darübergießen.
Dieses Drei-Körner-Schönheitsfrühstück ist ein Jungbrunnen für alle Organe. Es führt im Laufe einer dreimonatigen Kur zu einer regelrechten Erneuerung von Haut, Knochen, Knorpel- und Stützgewebe, Haaren, Zähnen, Nägeln, Augen.
Das Körnerfrühstück stärkt Herz und Nerven. Es hebt die Widerstandskraft des ganzen Körpers und bessert eine Reihe von Zivilisationsleiden durch seine Vollwertigkeit.

Hagebuttentrank

2 Eßlöffel Hagebuttenmark,
1 Teelöffel Bienenhonig,
1 Tasse warme Milch,
1 Messerspitze weiße Gelatine, pulverisiert

Man vermischt das Hagebuttenmark mit dem Bienenhonig, verquirlt beides mit der warmen Milch und rührt auch die weiße Gelatine darunter. Sofort servieren!
Hagebutten enthalten Pektin, Zitronen- und Apfelsäure und große Mengen Vitamin C. In der Verbindung mit dem Bienenhonig, innerlich

genommen, klären und reinigen sie die Haut, geben ihr Festigkeit, stärken auch die Abwehrkraft gegenüber schädlichen Einflüssen aus der Umwelt und gegen Ultraviolettstrahlung.
Milch enthält in homogener Form auf 100 g 0,05 mg Vitamin A, 0,05 mg Vitamin B_1, 0,25 mg Vitamin B_2, 1,5 mg Vitamin C, 0,1 mg Vitamin E, 3,5 g Eiweiß, 3,5 g Fett, 4,6 g Kohlehydrate, 128 mg Calcium und 0,1 mg Eisen. Diese Aufbaustoffe kommen wiederum sowohl Muskeln und Drüsen wie Blut, Haut, Haaren, Knochen und Zähnen zugute.
Speziell in der kalten, sonnenarmen Jahreszeit sollte der Hagebuttentrank täglich getrunken werden.

Hirnsalat

250 g Kalbs- oder Schweinshirn,
3 große Tomaten,
1 Bündel Radieschen,
3 Eßlöffel Olivenöl,
½ Zitrone, Saft,
1 grüner Salatkopf,
8 schwarze Oliven,
Meersalz,
Prise Zucker,
grüner Pfeffer

Das Hirn wird gewaschen, Haut und Äderchen entfernt und gut eine halbe Stunde gewässert. Dann legt man es in kochendes Salzwasser und läßt es weichkochen. Ist es erkaltet, schneidet man es in hauchdünne Scheibchen.
Ein tiefer Salatteller wird mit grünen Salatblättern ausgelegt. Separat vermischt man die Hirnscheiben mit geschnittenen Tomaten und Radieschen. Aus Olivenöl und Zitronensaft, Meersalz, Zucker sowie grünem Pfeffer wird eine Marinade zubereitet. Sie wird über den Hirnsalat gegossen, der auf den Salatblättern hübsch angerichtet wird.
Hirn ist äußerst eiweiß- und phosphorreich. Es enthält außerdem tierisches Lezithin in großen Mengen. Dadurch wird es zur konzentrierten Kraft- und Aufbaunahrung, die gleichzeitig eine Regeneration aller Organe, auch der Haut, bewirken kann.

Innerliche Haarkur

Brennesseltee,
Eisenpräparate,
Oleovit-Kapseln,
Kieselerde,
Speisegelatine

Alle genannten Mittel werden mit dem Brennesseltee zusammen täglich eingenommen. Und zwar zweimal täglich – morgens und abends – je 1 Kapsel Oleovit, 1 Teelöffel oder 2 Tabletten Kieselerde, 1 cm^2 Gelatine vom Blatt (1 Messerspitze pulverisierte Gelatine) und je 1 Dragee eines Eisenpräparates.
Diese innerliche Haarkur, die bei allen Arten von Haarausfall, mangelhaftem Haarwuchs, brechenden und splitternden Haarschäften angezeigt ist, muß mindestens zwei bis drei Monate durchgeführt werden. Hand in Hand damit gehen Massagen des Haarbodens mit pflanzlichem Haarwasser, Höhensonnenbestrahlungen, Luftbäder für den Kopf und nährende Haarwäschen.

Joghurtspeise

1 Becher Joghurt,
1 Orange,
1 Eiweiß,
5 g Gelatine, pulverisiert,
2 Eßlöffel heißes Wasser,
1 Eßlöffel Diätzucker

Man löst die pulverisierte Gelatine unter Rühren im heißen Wasser auf. Noch flüssig wird sie mit dem Joghurt verquirlt.
Die geschälte Orange wird in kleine Würfel geschnitten, der Diätzucker darüber gestreut. Man schlägt das Eiweiß zu Schnee und hebt es vorsichtig unter die Joghurtmasse. Diese wird mit den Orangenwürfeln garniert.
Wenn die Joghurtspeise geliert, wird sie serviert.
Gelatine enthält Collagen, das ergänzend und regenerierend auf das im Körper befindliche Collagen wirkt. Dies kommt allen Organen, Haut, Haaren, Zähnen, Knochen und Knorpeln, Nägeln zugute.

Karottencocktail

1 Glas Karottensaft,
frisch gepreßt,
1 Teelöffel Kieselerde,
1 Eßlöffel Weizenkeime,
1 Teelöffel Zitronensaft

Kieselerde, Weizenkeime und Karottensaft werden glatt zusammengerührt. Zuletzt kommt der Zitronensaft dazu. Sofort servieren!
Karotten gehören zu den inhaltsreichsten Gemüsen. Sie enthalten auf je 100 g: 8 mg Vitamin A, 0,07 mg Vitamin B_1, 0,1 mg Vitamin B_2, 4 mg Vitamin C, 3 mg Vitamin E, 1 g Eiweiß, 0,2 g Fruchtsäuren, 8 g Kohlehydrate, 40 mg Calcium, 0,8 mg Eisen.
Karottencocktail sorgt dank seiner Zusammenstellung für die durchgreifende Festigung von Haut und Haaren, Zähnen, Nägeln, Augenbrauen, Wimpern, Knorpeln und Knochen. Er wirkt einmalig aufbauend, regenerierend und stärkend.
Merke: Von sich aus kann der Körper das lebenswichtige Vitamin A nicht bilden. Nur wenn ihm Provitamine wie Karotin zugeführt werden, kann Vitamin A im Körper entstehen.

Krebsauflauf

4 frische Krebse,
Salz und Kümmel,
25 g frische Butter,
4 gehäufte Eßlöffel Mehl,
¾ l süße Sahne,
5 Eidotter,
5 Eiweiß, zu Schnee
geschlagen,
Diätzucker,
Kräutersalz,
Pfeffer

Man legt die Krebse in kochendes Wasser, das mit Salz und Kümmel gewürzt wurde. Sie müssen 15 Minuten darin kochen.
Dann bricht man das Fleisch aus Scheren und Schwänzen, entfernt den Darm, nimmt das restliche Fleisch heraus.
Die Butter wird auf kleiner Flamme mit dem Mehl zusammengerührt und langsam die süße Sahne untergegossen. Man läßt die Masse erkalten und gibt nach und nach die Eidotter mit etwas Zucker, Salz und Pfeffer hinzu. Es folgt der Eischnee. Diese Sauce wird mit dem Krebsfleisch in

Lagen in eine ausgefettete Puddingform geschichtet. Man läßt den Krebsauflauf etwa eine Dreiviertelstunde backen.
Er wird heiß serviert.
Dieser Krebsauflauf ist konzentrierte Schönheitskost, auf leckere Weise präsentiert. Südländerinnen mit ihren reichen Haaren, ihrem zarten, elfenbeinfarbenen Teint wissen, warum sie viele Meeresfrüchte, nämlich Krebse, Hummer, Langusten essen. Sie bewahren sich damit ihr außergewöhnlich schönes, attraktives Äußeres.

Leinsamen-Weizenkeim-Müsli

2 Eßlöffel kernige Haferflocken,
2 Eßlöffel Leinsamen,
1 Kaffeelöffel Weizenkeime,
1 Kaffeelöffel getrocknete Weinbeeren,
1 Eßlöffel Kieselerde,
1 Eßlöffel gehackte Nüsse,
1 Teelöffel Bienenhonig,
4 Eßlöffel Milch oder Joghurt,
3 Eßlöffel Zitronensaft,
1 Tasse Wasser,
1 geriebener Apfel

Die Haferflocken, der Leinsamen und die Weizenkeime werden zusammengemischt. Gehackte Nüsse und Kieselerde kommen dazu. Der Bienenhonig wird mit Milch oder Joghurt zusammengerührt, die Tasse Wasser dazugegeben und das Ganze über die vorigen Zutaten gegossen. Der geriebene Apfel wird hübsch in Häufchen darauf verteilt, der Zitronensaft auf den Apfel gegeben, damit er sich nicht verfärbt, und mit den getrockneten Weinbeeren verziert.
Eine Fülle von Nähr-, Vital- und Wirkstoffen, verbunden mit den Vitaminen, Spurenelementen und Fermenten, gibt dem Körper für den ganzen Tag Spannkraft, Energie und Vitalität. Die Kieselerde führt ihm Aufbaustoffe für Haut, Haar, Knochen und Zähne zu.
Das Müsli soll kein »Brei« werden. Man hebt alle Zutaten daher vorsichtig untereinander. Es soll kernig-körnig bleiben und den Zähnen Arbeit bieten.

Meeresfrüchtesalat

100 g Hummer,
100 g Langusten,
50 g Krabben,
¼ Zwiebel, fein gerieben,
½ Zitrone, Saft,
Meersalz,
grüner Pfeffer,
Diätzucker

Die Meeresfrüchte werden fein geschnitten und miteinander vermischt. Dann gibt man die Marinade aus Zitronensaft, feingeriebener Zwiebel, Meersalz, grünem Pfeffer und einer Prise Diätzucker darüber und mischt nochmals gut durch.
Man kann den Salat mit Oliven, hartgekochten Eiern und Kopfsalatherzen garnieren.
Hochwertiges Eiweiß, Vitamine, ätherische Öle und Schwefel der Zwiebel, Mineralsalze und Calcium ergeben eine hervorragende Schönheitskost, die allen Organen, der Haut, den Haaren, Zähnen, Augen, Knochen und Knorpeln zugute kommt.

Meringuen

6 Eiweiß,
500 g Staubzucker,
etwas Vanillemark

Die Eiweiß werden mit dem Zucker im heißen Wasserbad dick gerührt. Das Vanillemark dazugeben. Die Masse wird in Häufchen auf ein Backblech gesetzt, etwas Zucker darüber gestäubt und bei leichter Hitze getrocknet.
Die schönheitsfördernde Leckerei für »zwischendurch«: Eiweiß fördert die Regeneration von Knochen und Geweben sowie des Blutes.

Roher Selleriesalat

1 roher Apfel,
säuerlich,
1 mittelgroßer Sellerie,
1 große Zwiebel,
1 Teelöffel Petersilie,
1 Teelöffel Schnittlauch,
1/8 l saure Sahne,
1 Eßlöffel Speiseöl,
2 Eßlöffel Zitronensaft,
1 Eßlöffel Bienenhonig,
Sellerie- oder Kräutersalz

Der gereinigte Apfel in der Schale, der geputzte Sellerie und die Zwiebel werden durch die Püriermaschine getrieben. Der entstandene Brei wird mit der sauren Sahne, dem Speiseöl, Bienenhonig, Zitronensaft, den gehackten Kräutern vermischt, mit dem Salz gut abgeschmeckt und in kleinen Häufchen auf Cracker oder grüne Salatblätter gesetzt.
Diese Art von rohem Selleriesalat ist äußerst reich an Mineralien und Salzen, die dem Organismus zugute kommen. Auch als Aphrodisiakum ist dieser Salat berühmt!

Salzburger Nockerln

6 Eiweiß,
120 g Naturzucker, braun,
3 Eigelb,
etwas Vanillemark,
2 Eßlöffel Butter

Man schlägt das Eiweiß zu Schnee und gibt dabei langsam den braunen Naturzucker dazu. Dann das Vanillemark und die Eigelb.
In einer Kasserolle wird die Butter zerlassen. Nun füllt man in drei Häufchen nebeneinander die Nockerln rasch ein. Bei großer Hitze müssen sie im Backofen schnell aufgehen und bräunen.
Vor dem heißen Servieren werden sie leicht mit Puderzucker bestäubt.
Eiweiß und Lezithin in inniger Verschmelzung sind Bau- und Ersatzstoffe für alle Körperzellen, also auch für die Haut. Salzburger Nockerln sind vollwertige Eiweißnahrung in wohlschmeckender Verpackung!

Schönheitsmokka

1 Teelöffel Kaffee, gefriergetrocknet, 1 Tasse heiße Milch, 1 Eßlöffel Milchzucker, 1 Zentimeter weiße Gelatine vom Blatt

Der Kaffee wird in die heiße Milch eingerührt, mit dem Milchzucker gesüßt und das Stück Gelatine darin aufgelöst.
Dieser Schönheitsmokka stärkt – regelmäßig getrunken – Haare, Nägel, Zähne nachhaltig. Er regeneriert allmählich das gesamte Stützgewebe der Haut.

Selleriesalat in der Melone

200 g Staudensellerie, 1 Honigmelone, 1 Avocado, 1 Orange, 300 g Rinderzunge, gepökelt, gekocht, 3 Eßlöffel Joghurt, 3 Eßlöffel Vollmilch, 2 Eßlöffel Zitronensaft, 1 Teelöffel Meerrettich, gerieben, ¼ Teelöffel grüner Pfeffer, Meersalz, Assugrin flüssig

Man schneidet den Staudensellerie in Scheiben und läßt ihn fünf Minuten in heißem Essigwasser ziehen.
Aus der Honigmelone schneidet man Oberteil und Fruchtfleisch kugelig heraus. Die Kerne werden entfernt. Das Fruchtfleisch wird in Würfel geschnitten. Die geschälte Orange wird in Würfel zerteilt, die Rinderzunge in Streifen geschnitten. Die Avocado halbieren, den Kern entfernen, schälen und in Scheibchen schneiden. Alle Zutaten leicht mit den abgetropften Selleriescheibchen vermischen. Sie werden in die Melone gefüllt.
Aus Joghurt, Vollmilch, Zitronensaft und Meerrettich eine Marinade herstellen. Mit grünem Pfeffer, Meersalz und Assugrin flüssig gut abschmecken. Kurz vor dem Anrichten wird die Melone auf einen Sockel von zerstoßenem Eis gesetzt und mit der Marinade übergossen. Gleich servieren!
Vitamin-Vollwertkost mit Aufbau- und Brennstoffen, Wirk- und Bal-

laststoffen in dieser anspruchsvollen, pikanten Form – ein As in unserem Programm »Schönheit essen«!
Stärkend, regenerierend und aufbauend für den gesamten Organismus!

Tomaten mit Käsesoufflé

4 Tomaten,
50 g Diätmargarine,
15 g Mehl,
3 Eigelb,
3 Eiweiß,
25 g geriebener Parmesankäse

Man bereitet eine Mehlschwitze aus der Margarine, die über dem Feuer zerlassen wird, und dem Mehl, das man darunterrührt. Unter stetem Rühren fügt man die Eigelb vorsichtig hinzu. Es folgen, nachdem die Masse vom Feuer genommen wurde, der geschlagene Eischnee und der Parmesankäse.
Das entstandene Soufflé wird in die ausgehöhlten Tomaten gefüllt. Nun setzt man die Tomatendeckelchen wieder auf und gibt sie in eine Backform, die etwas gefettet wurde.
Die Tomaten mit Käsesoufflé werden 15 Minuten bei mäßiger Hitze gebacken. Man serviert sie noch heiß mit körnigem Reis.
Tomaten enthalten die Vitamine A, B_1, B_2 und C, dazu Eiweiß, Fruchtsäuren, Kohlehydrate, Calcium und Eisen. Als vegetarische Schönheitskost sollten sie auch in den winterlichen Speiseplan eingebaut werden.

Vanillecreme

½ l Kaffeesahne,
½ Stange Vanille,
5 Eigelb,
100 g Naturzucker, braun,
7 Blatt Gelatine, weiß,
5 Eßlöffel Wasser,
1/10 l Schlagsahne

Man bringt die Kaffeesahne und die aufgeschnittene Vanilleschote auf kleinster Flamme zum Feuer und läßt sie unter Rühren einmal aufkochen. Eigelb und Zucker werden separat schaumig gerührt und langsam die Milch dazugequirlt.
Nun stellt man das Ganze wieder zum Feuer und schlägt es mit dem Schneebesen tüchtig durch. Dann vom Feuer nehmen.

Die Gelatine wird im heißen Wasser völlig aufgelöst und unter die heiße Sahne gerührt. Man rührt noch bis zum Erkalten und hebt dann die steifgeschlagene Schlagsahne darunter.
Im Kühlschrank erstarren lassen.
Gelatine mit ihrem Collagen regeneriert das körpereigene Collagen und kommt damit Haut und Knochen, Haaren, Zähnen, Nägeln und Knorpeln zugute.

Weincreme

2 frische Eier,
2 Eigelb,
70 g Naturzucker, braun,
2 Eßlöffel Zitronensaft,
1 Stück Zitronenschale, ungespritzt,
2 Glas Apfel- oder Weißwein

Die ganzen Eier werden mit den Eigelb, dem braunen Naturzucker, dem Zitronensaft, dem Apfel- oder Weißwein vermischt, in einem emaillierten Topf zum Feuer gegeben und mit dem Schneebesen geschlagen, bis die Weincreme dick schaumig ist. Vom Feuer nehmen, die geriebene Zitronenschale unterrühren und noch warm servieren.
Diese Weincreme ist eine leichte, anregende Speise. Durch die ideale Verbindung von Lezithin und Vitamin C, Fruchtsäuren und natürlichem Zucker stellt sie ein wundervolles innerliches Kosmetikum dar.

Bei Altershaut

Apfelzephir

300 g Apfelmus,
200 g Naturzucker, braun,
3 Eiweiß,
¼ l süße Sahne

Das Apfelmus wird mit dem Naturzucker und dem Eiweiß gut schaumig geschlagen. Man gibt es in eine Puddingform und läßt es bei geringer Hitze im Backofen fest werden.
Das Apfelzephir wird gestürzt, und mit der Sahne übergossen, kalt aufgetragen.

Durch die reiche Substanz an Pektin und Fruchtsäuren, Calcium und Eisen, den Vitaminen A, B_1, B_2, C in den Äpfeln, verbunden mit Calcium und Eisen des Eiweiß, werden dem Körper im Apfelzephir wertvolle Aufbau- und Brennstoffe zugeführt. Dazu die Wirkstoffe in Form von Vitaminen, Mineralbestandteilen und Spurenelementen, vor allem Eisen, zur Sauerstoffverwertung.

Bananenschnee

2 Bananen,
3 Eiweiß,
20 g Bienenhonig,
1 Blatt Gelatine weiß,
1 Eßlöffel Zitronensaft,
¼ Tasse heißes Wasser

Die reife Banane wird durch die Püriermaschine gegeben oder mit der Gabel zerdrückt. Man löst die Gelatine im heißen Wasser unter Rühren auf. Der Zitronensaft kommt dazu. Die drei Eiweiß werden zu Schnee geschlagen, das Bananenmus untergehoben, die aufgelöste Gelatine dazugegeben. Nochmals gut verrühren und erstarren lassen.
Bananen sind Schönheitskost. Sie enthalten die Vitamine A, B_1, B_2 und reichlich Vitamin C, dazu Eiweiß, Fruchtsäuren, Kohlehydrate, Calcium und Eisen.

Bienenhonigkur

Der reine, unverfälschte Bienenhonig ist ein hochwertiges innerliches Kosmetikum. Für eine Honigkur trinkt man morgens nüchtern und abends kurz vor dem Schlafengehen ein Glas warmes Wasser, in dem ein Eßlöffel Bienenhonig aufgelöst wurde.
Das strafft und nährt, festigt und klärt die Haut nachhaltig. Es macht sie widerstandsfähig gegen äußere Schädlichkeiten, fördert die Durchblutung und schenkt ihr neben jugendlicher Elastizität eine gute Farbe. Dies wird nicht nur durch seine Vitamine, sondern auch durch den Gehalt an Calcium und Eisen, an Blütenpollen und Fermenten bewirkt.

Creme von Holunderblüten

1 l Vollmilch,
35 g Bienenhonig,
4 Holunderblütendolden,
1 Tasse Mandeln,
2 Eßlöffel Mondamin,
6 Eidotter

Die Milch kochen, den Bienenhonig einrühren, die gewaschenen Blütendolden vom schwarzen Holunder in die Milch geben. Die vorher heiß überbrühten, abgezogenen und gemahlenen Mandeln ebenfalls in die Milch geben. Unter ständigem Rühren aufwallen lassen. Das Mondamin in etwas kalter Milch glatt- und in die gekochte Milch einrühren. Nach nochmaligem Aufkochen durch ein Haarsieb gießen, so daß die Blütendolden abgeschieden werden. Das Milchgemisch nochmals zum Feuer geben und vorsichtig die 6 Eidotter, die vorher zerklopft wurden, unterquirlen. Kurz aufkochen lassen und vom Herd nehmen.
Die Creme wird kalt serviert.
Eine Variante der berühmten schönheitspendenden Mandelmilch, die einen zarten Duft von Blüten trägt und schon den Damen des Rokoko ihre feine Pfirsichhaut erhielt.

Honig-Milch-Schönheitstrank

1 Tasse heiße Milch,
1 Eßlöffel frische Butter,
1 Teelöffel Bienenhonig,
1 Eßlöffel Eierlikör

Die heiße Milch wird mit der Butter und dem Bienenhonig verquirlt. Zum Schluß gibt man den Eierlikör dazu.
Dieser Trank ist aufbauend, kräftigend und stärkend für die Haut. Bei fahler, schlaffer Haut ein wertvolles inneres Kosmetikum!

Mandelmilch

50 g süße Mandeln,
1 bittere Mandel,
1/8 l Vollmilch,
50 g Diätzucker,
10 g Kartoffel- oder Reismehl,
2 Eidotter, frisch

Die Mandeln werden mit kochendem Wasser übergossen. Sie müssen etwas stehen und werden dann abgezogen. Sodann treibt man sie durch die Mandelmühle oder zerreibt sie im Mörser. Danach kocht man das entstandene Mandelmus unter ständigem Rühren 15 Minuten in der Milch.
Man läßt das Gemisch bis zum Erkalten stehen und filtert es dann durch ein Haarsieb. Das Kartoffel- oder Reismehl wird untergerührt und die Mandelmilch nochmals zum Kochen gebracht. Man rührt den Diätzucker unter, nimmt die Mandelmilch vom Feuer und verquirlt die Eidotter sehr vorsichtig damit.
Je 100 g Mandelmilch enthalten folgende Aufbau-, Brenn- und Wirkstoffe: 18 g Eiweiß, 54 g Fett, 16 g Kohlehydrate, 252 mg Calcium, 4 mg Eisen, 0,06 mg Vitamin A, 0,20 mg Vitamin B_1, 0,60 mg B_2, 1 mg Vitamin C.
In der Verbindung mit Milch, Diätzucker, Eidotter und Stärkemehl kann die seit dem Altertum bekannte Mandelmilch ihre volle schönheitsfördernde Wirkung entfalten.
Sie kann warm und kalt, im Sommer sogar geeist, kurmäßig genommen werden, gehört jedoch nicht in eine Abmagerungsdiät.

Rosencreme

1/4 l süße Sahne,
200 g Diätzucker,
6 Eidotter,
3 Eßlöffel Rosenwasser,
1 Eßlöffel Erdbeersaft zum Röten

Die süße Sahne wird mit dem Diätzucker auf dem Feuer verrührt. Die Eidotter werden mit etwas Sahne verquirlt und vorsichtig zu der Sahne gegeben. Danach läßt man die Mischung nochmals aufkochen.
Während sie unter Rühren erkaltet, setzt man das Rosenwasser sowie den Erdbeersaft hinzu.

Man läßt die Rosencreme im Kühlschrank erstarren und serviert dann.
Der hohe Vitamingehalt im Eigelb, dazu Calcium und Eisen machen die Creme zu einem wertvollen Schönheitsspender innerlich und äußerlich. Allerdings sollen Eier nur zwei- bis dreimal pro Woche auf dem Speisezettel erscheinen, weil sich sonst der Cholesteringehalt des Blutes zu stark erhöhen könnte.

Siehe auch Rezepte für
Karottencocktail, S. 124
Weincreme, S. 130

Zur Hautreinigung

Apfelpaste

500 g Äpfel,
250 g Diätzucker,
Saft von 1 Zitrone,
Schale von 1 Zitrone, ungespritzt

Man schneidet die geschälten Äpfel in feine Scheibchen und mischt sie mit Zitronensaft und Diätzucker. Zwei Stunden zugedeckt stehenlassen.
Dann bringt man die Äpfel in einem flachen Topf unter Rühren zum Kochen, gibt die abgeriebene Zitronenschale dazu und rührt weiter, bis eine dicke Paste entsteht.
Man gießt die Apfelpaste zwei Zentimeter dick auf eine geölte Platte. Sie muß erkalten und zwei Tage an der Luft trocknen. Dann werden kleine Förmchen davon ausgestochen, die man in Zucker wälzt.
Apfelpaste wirkt hautklärend und durch den Pektingehalt der Äpfel anregend auf die Feuchtigkeitsreservoirs der Haut. Regelmäßig genossen, entschlackt sie den Darm und ist auch bei Blutarmut und fahler Gesichtshaut durch den hohen Eisengehalt angezeigt.

Artischockenfondue

2 Artischocken,
50 g Magermilchquark,
⅛ l entrahmte Frischmilch,
1 Eßlöffel Dill,
1 Eßlöffel Petersilie,
1 Teelöffel Knoblauch,
1 Teelöffel Tomatenketchup,
1 Kaffeelöffel grüner Pfeffer,
2 Eßlöffel Zitronensaft,
Meer- oder Kräutersalz,
Diätzucker

Von den Artischocken werden die äußeren Blätter entfernt, der Stiel geschält, die Blattspitzen mit einem Messerschnitt gekappt und der Boden etwas zurechtgeschnitten. Man taucht sie kurz in eine Schüssel, die Zitronensaft mit Wasser gemischt enthält. Dann werden sie etwa 30 Minuten in Salzwasser gargekocht, das mit etwas Zitronensaft gesäuert wurde.
Man läßt die gekochten Artischocken auf einem Sieb abtropfen und schneidet sie dann in Viertel.
Der Magermilchquark wird mit der entrahmten Frischmilch angerührt, eine Prise Diätzucker, Meer- oder Kräutersalz dazugegeben. Nun werden in sechs Schälchen gleiche Portionen von dem fertigen Quark verteilt. Dazu rührt man jeweils ein wenig gehackten Dill, gehackte Petersilie, zerquetschten Knoblauch, Tomatenketchup, grünen Pfeffer und Zitronensaft.
Nun die einzelnen Blätter nach Belieben in die Saucen tauchen, danach die fleischige Blattwurzel mit dem berühmten Artischockenboden.
Ein leichtes, anregendes, der Linie dienliches Gericht, das durch die Anregung der gesamten Verdauungsorgane auf die Haut klärend und reinigend wirken kann.

Chicoréesalat mit Feigen und Orangen

3 Stangen Chicorée,
2 Orangen,
4 Feigen, getrocknet,
1 Banane,
½ Zitrone, Saft,
50 g Speisequark,
1 Messerspitze Meerrettich,
¼ Tasse Speiseöl,
Zucker,
Meersalz

Der Chicorée wird geputzt, das bittere Ende ausgehöhlt, in feine Scheibchen geschnitten. Man gibt ihn in eine Schale und übergießt mit mäßig heißem Wasser. Er muß fünf Minuten darin bleiben.
Orange, Feigen und Bananen werden geschält, das Fruchtfleisch in Stücke geschnitten.
Der Speisequark wird mit dem Meerrettich und dem Saft der halben Zitrone gemischt.
Der Chicorée wird aus dem Wasser genommen und nochmals gut gewaschen. Man mischt ihn mit den übrigen Zutaten und gießt zum Schluß das Öl darüber.
Man würzt nach Belieben mit Zucker und Meersalz. Der Salat muß sehr gut gemischt werden.
Erfrischende Salate mit viel Vitamin C sind echte Schönheitsspender! Sie klären und reinigen die Haut von innen, geben ihr Frische und Straffheit, reduzieren bei vorsichtiger Eßweise das Gewicht, machen schlank, beweglich, jugendlich und munter.

Florentiner Sauerkrautsalat

2 Äpfel,
50 g Weintrauben,
50 g Ananas,
¼ l süße Sahne,
2 Eßlöffel Bienenhonig,
1 Eßlöffel Senf,
5 Walnüsse,
400 g frisches Sauerkraut

Das frische Sauerkraut kleinschneiden. Die Äpfel in Scheibchen, ebenso die frische oder eingelegte Ananas. Die Weintrauben zerteilen und entkernen. Die süße Sahne mit dem Bienenhonig und Senf zu einer Marinade rühren. Alles unter das Sauerkraut heben. Mit Weintrauben und Nüssen verzieren.

Auf 100 g Sauerkraut kommen 0,01 mg Vitamin A, 0,05 mg Vitamin B_1, 0,05 mg Vitamin B_2, 20 mg Vitamin C, 2 g Eiweiß, 0,2 g Milchsäure, 4 g Kohlehydrate, 48 mg Calcium und 0,6 mg Eisen.
Durch seinen Gehalt an Milchsäure normalisiert Sauerkraut die Darmflora und regt die Verdauung auf schonende Weise an. Regelmäßig genossen, reinigt und klärt es das Blut und die Haut, vertreibt Akne und versorgt den Körper mit Ballast- und Aufbaustoffen.

Honig-Gogolmogol-Aspik

½ l Vollmilch,
6 Eßlöffel Bienenhonig,
2 Eigelb, roh,
Saft von ½ Zitrone
und ½ Orange,
1 Messerspitze Agar-Agar

Alle angegebenen Zutaten werden kräftig miteinander verquirlt. Dabei muß die Vollmilch bis kurz vor dem Kochen erhitzt worden sein. Das Agar-Agar wird erst zum Schluß untergerührt.
Ist die Masse erstarrt, kann man sie in kleine Stücke schneiden und als »Schönheits-Kraftnahrung« in der Handtasche für unterwegs mitnehmen.
Das aus Meeresalgen hergestellte Agar-Agar führt dem Körper wichtige mineralische Salze zu, die auch zur Reinheit und Regeneration der Haut beitragen. Mit Milch, Eigelb und dem Vitamin C der Zitronen und Orangen wird hier dem Körper eine Fülle von Wirkstoffen und Fermenten in einer leicht absorbierbaren Form angeboten.

Pfirsich-Geflügel-Salat

2 reife Pfirsiche,
100 g Geflügelfleisch, gekocht,
1 Apfel, säuerlich,
1 Röhrchen Kapern,
50 g Champignons, eingelegt,
1 Banane,
Saft einer halben Zitrone,
½ Glas Joghurt,
2 Eßlöffel Speiseöl,
Meersalz,
Diätzucker,
Pfeffer

Die Pfirsiche werden enthäutet und gewürfelt. Das gekochte Geflügelfleisch in feine Würfel schneiden, ebenso den Apfel. Die Champignons blättrig aufschneiden, ebenso die Banane. Das Röhrchen Kapern unterheben. Aus Zitronensaft, Joghurt, Öl mit den Gewürzen eine Marinade bereiten und über den Salat gießen. Kalt stellen und kurz vor dem Servieren nochmals behutsam umrühren.
Den Salat eventuell in ausgehöhlten Pfirsichen servieren.
Pfirsiche enthalten auf 100 g: 0,65 mg Vitamin A, 0,04 mg Vitamin B_1, 0,06 mg Vitamin B_2, 10 mg Vitamin C, 0,8 g Eiweiß, 0,8 g Fruchtsäuren, 14 g Kohlehydrate, 6 mg Calcium, 0,5 mg Eisen.
Sie klären und straffen die Haut und gelten als hochwertiges innerliches Kosmetikum.

Schaumkoch von Äpfeln

5 säuerliche Äpfel,
100 g Diätzucker,
5 Eßlöffel Wasser,
3 Eiweiß

Die Äpfel werden im Wasser weichgekocht. Man läßt sie abtropfen und streicht sie durch ein feines Sieb. Dann gibt man den Diätzucker dazu und kocht sie dick ein, wobei gerührt werden muß.
Nach dem Erkalten wird der geschlagene Eischnee daruntergehoben. Man streicht den Schaumkoch in eine eingeölte Backform und backt ihn bei starker Hitze goldbraun.
Äpfel enthalten außer Pektin die Vitamine A, B_1, B_2 und C. 100 g Apfel

enthalten außerdem 0,4 g Eiweiß, 0,6 g Fruchtsäuren, 13 g Kohlehydrate, 7 mg Calcium und 1,0 g Eisen.
Äpfel klären und reinigen die Haut, geben ihr ein samtiges Aussehen. Als »lebendige Zahnbürste« sind Äpfel ein vorzügliches Kosmetikum für die Zähne.

Schinkenreis mit Bananen

150 g Reis,
1 l Wasser,
150 g gekochter Schinken,
4 Bananen,
3 Eßlöffel Zitronensaft,
30 g Butter,
35 g flüssiger Bienenhonig

Der Reis wird in Salzwasser gargekocht und abgetropft. Der gekochte Schinken wird streifig geschnitten. Der erkaltete Reis wird mit dem Schinken locker gemischt. Die Bananen werden halbiert, mit Zitronensaft beträufelt. Dann brät man sie in der Butter hellbraun und gießt flüssigen Honig darüber.
Man legt die Bananen strahlenförmig auf den Schinkenreis und serviert sogleich.
Dank seines Gehaltes an Calcium und Eisen und den Vitaminen B_1 und B_2 ist speziell magerer, gekochter Schinken geeignet für eine inhaltvolle Reduktionskost. Bananen enthalten die Vitamine A, B_1, B_2 und C. Sie sind für die innerliche Kosmetik bestens geeignet und speziell auch für die Augen wichtig. Der Bienenhonig klärt und reinigt das Blut und wirkt anregend auf die Drüsen mit innerer Sekretion. Er gibt glänzende Augen und frische Farben, straffe Formen und einen glatten Teint.

Schönheitstee

1 Eßlöffel Brennessel, frisch,
1 Tasse Wasser,
1 Kaffeelöffel Bienenhonig

Die Blätter von frischen Brennesseln werden zerhackt. Man übergießt sie mit sprudelnd kochendem Wasser und läßt sie zugedeckt etwa zehn Minuten ziehen.
Danach filtert man ab und süßt mit dem Bienenhonig.

Dieser Tee wurde als »Nettle tea« in England berühmt. Er wirkt speziell durch die Vitamine A und C, durch das in der Brennessel enthaltene Chlorophyll, viel Eisen und Spurenelemente äußerst anregend. Schönheitstee gibt – regelmäßig getrunken – eine straffe, frische Haut, glänzende Augen, wirkt blutreinigend, klärend und reinigend.

Zwiebeln mit Honigsauce

3 mittelgroße Zwiebeln,
1 Tasse Wasser,
1 Glas Weißwein,
1 Teelöffel Butter,
1 Eßlöffel Mondamin,
1 Eßlöffel Rosinen,
1 Kaffeelöffel Bienenhonig,
1 Messerspitze Meersalz,
eine Prise Majoran,
eine Prise weißer Pfeffer,
einige Spritzer Zitronensaft

Die Zwiebeln werden von der Schale befreit und in der Mischung von Wein und Wasser gar gekocht. Man hebt sie heil heraus und stellt sie warm.
Aus der Abkochflüssigkeit bereitet man eine Mehlschwitze: Butter mit Mondamin auf dem Feuer zusammenrühren, Flüssigkeit langsam zuschütten. Danach wird der Bienenhonig dazugegeben wie auch die Gewürze und Zitronensaft.
Die Zwiebeln werden kreuzweise eingeschnitten, mit der Sauce übergossen und mit einigen Rosinen belegt.
Zwiebeln enthalten die Vitamine A, B_1, B_2, C und E, auch Eiweiß, Kohlehydrate, Calcium, Eisen, Schwefel und andere lebensnotwendige Elemente.
Zwiebeln entschlacken und geben dem Körper wertvolle Aufbaustoffe. Sie sind auch Schönheitsspender.

Zur Gewichtsabnahme

Artischocken-Krebse in Gurkenaspik

5 Artischockenböden,
5 Krebse,
5 Eier, gekocht,
1 Salatgurke,
1 Kaffeelöffel Agar-Agar,
Meersalz,
grüner Pfeffer,
etwas Zucker

Die Salatgurke wird gehobelt und durch ein Sieb gedrückt. Oder man treibt sie durch einen Entsafter. Der gewonnene Saft wird mit Meersalz, grünem Pfeffer und einer Spur Zucker abgeschmeckt. Die gekochten Eier werden geviertelt. Aus den gekochten Krebsen wird das Fleisch ausgelöst.
Fünf feuerfeste Eiergläser werden gefüllt, indem man die Artischockenböden zuunterst hineinlegt. Es folgt das zerteilte Krebsfleisch, die Eiviertel bilden seitlich den Rand.
Das Agar-Agar wird gut mit dem Gurkensaft verrührt und darübergegossen. Etwas stehenlassen, bis das Agar-Agar erstarrt.
Man kann die Artischocken-Krebse entweder stürzen oder gleich aus den Eiergläsern essen.
Krebsfleisch ist reich an Mineralsalzen und Vitaminen, Eiweiß, Calcium und Phosphor. Mit diesen Aufbaustoffen sind sie eine ausgesprochene Schönheitskost, die Haut, Haaren, Nägeln, Knochen, Zähnen hervorragend zugute kommt. Für Linienbewußte geeignet!

Baked Potatoes

1 große Kartoffel,
50 g Magermilchquark,
1/8 l entrahmte Frischmilch,
1 Eßlöffel Dill,
Kräutersalz,
grüner Pfeffer,
1 Stück Alufolie

Die rohe Kartoffel wird ungeschält tüchtig gewaschen und abgerieben. Man legt sie im ganzen in ein passendes Viereck Alufolie, schlägt dies darüber und bäckt im Ofen, bis die Kartoffel gar ist.
Der Magermilchquark wird mit der entrahmten Frischmilch, dem Kräu-

tersalz und dem grünen Pfeffer gut vermischt, die Kartoffel am oberen Ende schräg aufgeschnitten, der angerührte Quark darüber gefüllt und mit dem gehackten Dill überstreut. Noch heiß servieren!
Kartoffeln enthalten die Vitamine A, B_1, B_2, C, dabei auf 100 g nur 85 Kalorien, jedoch zusätzlich Eiweiß, Kohlehydrate, Calcium und Eisen.
Sie sind damit ein hervorragender Schlankmacher, auch wenn der Volksmund das Gegenteil behauptet: »Kartoffeln machen dick« – nein! Sie machen ausgesprochen schlank!

Kreolensalat

½ Melone,
100 g Krabben,
100 g Reis,
Saft von ½ Zitrone,
1 Prise gemahlener Ingwer,
Diätzucker,
Meersalz

Der Reis wird körnig gekocht. Man läßt ihn erkalten. Das Fleisch der halben Melone wird gewürfelt. Nun mischt man den Reis mit den Krabben und dem Melonenfleisch, gibt den Zitronensaft darüber, die Prise gemahlenen Ingwer, würzt nach mit Zucker und Meersalz.
Auch Krabben enthalten mineralische Salze in großem Maße. Reis erhält schlank, Melonen sind reich an den Vitaminen A, B_1, B_2 und C. Kreolensalat ist Schönheitskost für Linienbewußte!

Meerrettichsalat

100 g Meerrettich,
2 Teelöffel Diätzucker,
4 hartgekochte Eier,
1 Eßlöffel gehackte Petersilie,
1 Eßlöffel gehackter Dill,
2 Eßlöffel gehackter Schnittlauch,
¼ l Joghurt,
Selleriesalz

Der Meerrettich wird fein gerieben und mit dem Zucker vermischt. Er soll eine Stunde lang ziehen.
Inzwischen werden die gekochten Eier grob gehackt. Man schichtet sie in eine flache Schüssel und streut die Kräuter und das Salz darüber. Der

Joghurt wird gut verquirlt, das Meerrettich-Zucker-Gemisch untergerührt und über die Eier gegossen.
Der Meerrettichsalat wird gleich serviert!
Beliebt sind Reduktionskuren mit harten Eiern. Dieser Salat ist wohlschmeckend und sättigend, die frischen Kräuter decken den Vitaminbedarf des Körpers, was bei allen Abmagerungskuren besonders notwendig ist.

Melonen-Schinken-Salat

100 g roher Schinken,
½ Melone, rot,
2 Eßlöffel gehackte Nüsse,
2 Eßlöffel getrocknete Weinbeeren,
1 Eßlöffel Speiseöl,
1 Eßlöffel Zitronensaft,
Meersalz,
grüner Pfeffer

Die rote Melone wird in Würfel geschnitten. Auch der rohe Schinken wird gewürfelt. Man hebt vorsichtig die gehackten Nüsse und die Weinbeeren unter. Das Öl übergießen, Zitronensaft, Meersalz und grünen Pfeffer überstreuen. Vor dem Servieren etwa eine Stunde kalt stellen.
Schinken enthält in der angegebenen Menge nur 270 Kalorien, jedoch 18 g Eiweiß, 10 mg Calcium, 2,4 mg Eisen, 0,5 mg Vitamin B_1 und 0,25 mg Vitamin B_2.

Nuß-Weizenkeim-Kugeln mit Kirschen

150 g Walnüsse, gemahlen,
60 g Leinsamen, geschrotet,
60 g Weizenkeime,
130 g Puderzucker,
100 g Sauerkirschen, gekocht,
2 Eiweiß, frisch

Man knetet die Nüsse mit dem geschroteten Leinsamen, den Weizenkeimen, Puderzucker und Eiweiß zusammen. Dann rollt man die entstandene Masse auf einem geölten Brett aus. Es werden kleine Vierecke daraus geschnitten, auf die man je eine Kirsche legt. Man schlägt sie übereinander, drückt fest zusammen und wälzt eventuell noch in etwas Puderzucker.

Kleine, vitalstoffreiche Leckereien sollen in der Schönheitskost nicht fehlen. So wie diese Nuß-Weizenkeim-Kugeln mit Kirschen, die das linienbewußte Leben versüßen.
Walnüsse enthalten pro 100 g 705 Kalorien, 0,03 mg Vitamin A, 0,35 mg Vitamin B_1, 0,1 mg Vitamin B_2, 15 mg Vitamin C. Dazu 63 g Fett, 15 g Eiweiß, 14 g Kohlehydrate, 200 mg Calcium und 2 mg Eisen, Weizenkeime enthalten die Vitamine A, B_1, B_2 und E. Kirschen die Vitamine A, B_1, B_2 und C. Dazu Eiweiß, Fruchtsäuren, Kohlehydrate, Calcium und Eisen.

Orangencreme

100 g Magerquark,
⅛ l Vollmilch,
etwas Vanillemark,
35 g Bienenhonig,
1 Orange,
2 Eßlöffel Kirschsaft

Der Magerquark wird mit der Vollmilch und dem Vanillemark glattgerührt. Der Bienenhonig und die zwei Eßlöffel Kirschsaft kommen dazu. Zum Schluß hebt man leicht die geschälte, gewürfelte Orange drunter. Die Orangencreme wird gleich serviert.
100 g Quark enthalten die Vitamine A: 0,01 mg, B_1: 0,05 mg, B_2: 0,30 mg, C: 1 mg dazu 17 g Eiweiß, 0,6 g Fett, 2 g Kohlehydrate, 71 mg Calcium.
Zusammen mit den Fermenten und Vitaminen des Bienenhonigs ergibt Quark ein hervorragendes Nahrungsmittel zur Schönheitskost und Liniendiät.

Rindfleisch-Kirsch-Salat

150 g Rindfleisch,
mager, gekocht,
200 g Sauerkirschen,
gekocht, entkernt,
100 g Artischockenböden, gekocht,
Salz,
Zitronensaft,
Zucker,
Thymian

Das Rindfleisch wird ganz fein geschnitten. Ebenso die Artischockenböden. Jetzt beides miteinander vermischen, die Sauerkirschen dazuge-

ben. Mit Salz (möglichst Kräuter- oder Meersalz) und Zucker sowie einer Prise Thymian abschmecken.
Dieser Salat ist pikant und sättigend, dabei kalorienarm. Er deckt jedoch den Kalorien- und Energieverbrauch des Körpers für den Tag vollkommen. Vorzüglich geeignet für die gesunde Reduktionskost.

Versteckte Eier

2 dünne Scheiben Filet, gebraten,
2 hartgekochte Eier,
20 g Diätmargarine,
Zitrone,
etwas Tomatenmark,
Dill,
Meersalz,
Zucker,
Pfeffer

Die Eier werden geschält und in je eine Filetscheibe gewickelt und mit Partyspießchen oder Zahnstochern verschlossen.
Man rührt die Diätmargarine schaumig, gibt Tomatenmark und Zitronensaft, Dill, Meersalz, Zucker und eine Prise Pfeffer nach Geschmack dazu. Mit Spritzbeutel oder Garniertülle wird eine Garnitur auf jedes versteckte Ei gespritzt.
Mit trockenem Reis zusammen ein sättigendes Hauptgericht für linienbewußte Schlemmer. Es paßt grüner Salat dazu.

Wildsalat mit Früchten

100 g Wild, mager, gebraten,
50 g Birnen,
50 g Weintrauben,
3 Teelöffel Joghurt,
1 Röhrchen Kapern,
2 Pfeffergürkchen, gehackt
1 Teelöffel Senf,
1 Teelöffel Bienenhonig,
1 Eßlöffel Zitronensaft,
Tomatensaft,
Meer- oder Kräutersalz,
Pfeffer,
Kresse

Das gebratene Wildfleisch wird in feine Streifen geschnitten. Die frische Birne wird geraspelt, die Gürkchen fein geschnitten. Joghurt mit dem Tomatensaft und dem Zitronensaft verquirlen, Senf und Bienenhonig dazugeben und mit den Gewürzen abschmecken.

Man serviert den Wildsalat mit Weintrauben bestreut.
Eine pikante, äußerst leckere Kraftnahrung, deren Gehalt durch die vitaminreichen Früchte, durch die Vitalstoffe und Fermente des Honigs noch erheblich aufgewertet wird.

Bei Hautleiden und -veränderungen

Rote-Bete-Cocktail
(gegen Rosacea, Akne, Seborrhoe)

1 Glas Rote-Bete-Saft,
1 Teelöffel Bienenhonig,
1 Teelöffel Kieselerde

Bienenhonig und Kieselerde werden mit dem Saft gut verrührt.
Rote Bete ist unter anderem reich an Vitamin B_2, jedoch auch an den Vitaminen A, B_1, C und E. Sie enthält zudem Eiweiß, Kohlehydrate, Calcium und Eisen.
Damit regt sie die Bildung der roten Blutkörperchen an, kräftigt das organische Stützgewebe und versorgt die Haut mit notwendigen Vitalstoffen. Untersuchungen haben bewiesen, daß Rote Bete wertvolle Hilfe leistet bei Hautkrankheiten wie Seborrhoe (fettige Haut), Akne und Rosacea (der gesteigerten Durchlässigkeit der Hautkapillargefäße, vom Volksmund als »geplatzte Äderchen« bezeichnet).

Siehe auch folgende Rezepte:
Apfelpaste (feuchtigkeitsarme, blutarme, fahle Haut), S. 134
Apfelzephir (blutarme, schlaffe Haut), S. 130
Artischockenfondue (unreine Haut), S. 135
Bienenhonigkur (schlaffe, fahle, unreine Haut), S. 131
Drei-Körner-Schönheitsfrühstück (Rötungen, Reizungen, Allergien), S. 121
Florentiner Sauerkrautsalat (Akne, Seborrhoe, Verfärbungen), S. 136
Hagebuttentrank (fahle Haut, Allergien), S. 121
Karottencocktail (Blässe, fehlende Hautspannung), S. 124
Schinkenreis mit Bananen (Erschlaffung), S. 139
Schönheitstee (Mitesser, Unreinheiten), S. 139

Anhang

Verwendete kosmetische Grund- und Hilfsstoffe
Heilpflanzen in der Kosmetik

Verwendete kosmetische Grund- und Hilfsstoffe

Diese Grund- und Hilfsstoffe bekommen Sie am sichersten in der Apotheke, in der Drogerie, im Reformhaus, in der Kräuterhandlung, wo Sie auch die Heilpflanzen, Tees, Blüten (sofern getrocknet) erhalten.
Blüten, Pflanzen und Früchte können Sie auch selber suchen, pflücken, in Beuteln oder Tüten sorgsam sortieren, schichten, aufhängen und luftig trocknen lassen.
Sollten Sie einmal einen Grund- oder Hilfsstoff oder ein »seltenes Kräutlein« nicht gleich bekommen, bitten Sie Ihren Apotheker, Drogisten oder »Dürrkräutler«, dieses für Sie zu besorgen.
Ist auch das nicht möglich, kann Ihnen vielleicht die Vegetabilien-Großhandlung Alfred Galke, Am Bahnhof 171, 3371 Gittelde/Harz, weiterhelfen.

Agar-Agar: auch japanische Gelatine genannt; getrockneter Schleim von verschiedenen Rotalgen. Wirkt innerlich durch Aufquellen gegen Darmverstopfung. In der Kosmetik, mit Wasser angerührt, für Hautgelees und Masken sowie Pasten geeignet.
Alkohol: Primasprit, gereinigter Alkohol zu kosmetischen Zwecken als Lösungsmittel verwendet.
Avocadoöl: aus den Früchten des Avocadobaumes. Hellbraune bis grüne Farbe. Reicher Gehalt an Vitamin A, E, Lezithin und Pflanzenhormonen. Sehr gut für Kosmetika geeignet.
Azulenöl: Blauöl der Kamille, heute auch synthetisch. Beruhigend, entzündungswidrig.

Benzoeschmalz: Schweineschmalz wird mit Benzoe konserviert.
Bienenhonig: u. a. Mineralstoffe, organische Säuren, Fermente, Vitamine und Hormone enthaltend. Hat bakterientötende Wirkung.

Bienenwachs: wird als Verdauungsprodukt von den Honigbienen ausgeschieden und zum Bau ihrer Waben verwendet. Wertvoller kosmetischer Grundstoff, ergibt Pasten von angenehmem, seidigem Glanz. Bienenwachs gebleicht: weißes Bienenwachs mit den gleichen Eigenschaften.

Borax: Wasserenthärtungsmittel; auch Konservierungsmittel für Hautcremes.

Calciumcarbonat: kohlensaures Kalzium (Calcium); wird als feines Pulver Pasten zugesetzt.

Destilliertes Wasser: wird durch Destillation von Trinkwasser aufbereitet. Enthält keine gelösten festen Stoffe. Für kosmetische Zwecke kann Trinkwasser auch 10 Minuten abgekocht werden.

Erdnußöl: kann anstelle von Olivenöl in Kosmetika verwendet werden.

Eucerin: Emulsion aus gleichen Teilen von Eucerinum anhydricum und Wasser.

Gelatine: aus Knochen und Hautabfällen gewonnener reiner tierischer Leim.

Glycerin: dreiwertiger Alkohol, süße, farblose Flüssigkeit, wirkt stark wasserentziehend.

Hamamelis: englisch »Zauberstrauch« genannt, vom virginischen Zauberstrauch. Auszüge wirken zusammenziehend, entzündungswidrig, tonisierend.

Hefe, Medizinalhefe: reich an Vitaminen der B_2-Gruppe. Gegen Furunkulose, Akne vulgaris, unreine Haut. Innerlich und lokal.

Henna: besteht aus den pulverisierten Blättern des Hennastrauches. Im Orient, mit Metallsalzen gemischt, ein bekanntes Haarfärbemittel.

Hopfendolden: Blütenstände der weiblichen Hopfenpflanzen. Enthalten pflanzliche Hormone mit Östrogenwirkung (weibliches Geschlechtshormon).

Indigo: Farbstoff indischer Pflanzen, z. Zt. schwer zu bekommen.

Jod: enthalten in den Meeresalgen. Bräunlichviolette Kristalle von typischem Geruch. Desinfektionsmittel. Vorsicht: Jodüberempfindlichkeit!

Johanniskrautöl: aus dem Johanniskraut gewonnenes ätherisches Öl, durchblutungssteigernd, anregend, tonisierend, epithelschützend und -fördernd. Wirkt auch regenerierend bei reifer Haut.

Kakaobutter: aus den gerösteten und geschälten Samen der Kakaofrucht. Als Grundsubstanz für Kosmetika sehr gut geeignet, da sie von der Haut reizlos vertragen wird.

Kamille: Die echte Kamille ist die kosmetisch bedeutsamste Droge. Hat entzündungswidrige Wirkung. Wird gern Gesichtswässern, Haarwässern, Cremes zugesetzt.

Kartoffelstärke: unregelmäßige, leicht zerreibbare Stücke aus den Knollen der Kartoffel. Geruchlos und geschmacklos. Verwendung zu kosmetischen Pudern.

Kieselerde: leichtes Pulver (auch Kieselgur genannt), aus Kieselalgen und Kieselpilzen gewonnen. Innerlich zur Stärkung von Zähnen, Nägeln, Haaren, Knochen; äußerlich Zusatz von Pudern, Pasten, Masken, Cremes.

Kieselsäure: leichtes weißes Pulver, dient als körpergebende Substanz in der Kosmetik.

Kolloidkaolin (Schlämmkreide): wie Kaolin (Porzellanerde) von weißer Farbe, wird als Stabilisier-, Verdickungsmittel in Zahnpasten etc. verwendet.

Lampenschwarz: Ruß; kann als schwarzer Farbstoff zu Schminken verwendet werden.

Lanolin: wasserhaltiges Wollwachs, gelblichweiße salbenartige Masse, bestehend aus 13 Teilen Wollwachs, 4 Teilen Wasser und 3 Teilen dickflüssigem Paraffin.

Leinsamen: werden geschrotet zu Masken bei unreiner Haut gern verwendet. Mild anregendes Abführmittel.

Mandelkleie: Preßrückstände nach Gewinnung des Mandelöles.

Mandelmus: aus gemahlenen süßen Mandeln mit Wasseranteil gewonnen. Durch den Reichtum an Fetten und Eiweiß ein innerliches wie äußerliches Kosmetikum.

Mandelöl, süßes: aus reifen süßen Mandeln gewonnenes Öl, klar, hellgelb und mild schmeckend. Das teuerste der fetten pflanzlichen Öle, nur in besten kosmetischen Präparaten enthalten.

Meersalz: besteht zum überwiegenden Teil aus Kochsalz, enthält jedoch auch noch Magnesium-, Kalium-, Sulfat-, Bromid-, Jodidionen u. a. Innerlich wie äußerlich verwendbar.

Milchin: nur aus joghurtfermentierten Milchstoffen bestehendes feines, aromatisches Pulver, völlig seifen- und chemikalienfrei; dem natürlichen pH-Wert der Haut angepaßt. (Erhältlich in Reformhäusern und -drogerien.)

Natriumbicarbonat: siehe Speisesoda.

Olivenöl: fettes pflanzliches Öl mit gut hautverträglichen Eigenschaften.

Perubalsam: antiseptisches Mittel und zum Fixieren von Parfüms in Fetten.

Reng: siehe Indigo.

Rizinusöl: wird durch Kaltpressung der geschälten Rizinussamen gewonnen. Speziell zur Wimpern- und Brauenpflege, da es schönen Glanz und Geschmeidigkeit verleiht, auch das Wachstum anregen soll. Bei großer Empfindlichkeit kann es jedoch Lidrandentzündung auslösen!

Rosenwasser: Nebenprodukt bei der Destillation von Rosenöl; wird feinsten Kosmetika anstelle von Wasser zugesetzt.

Rosmarinöl: aus den Rosmarinblüten. Durchblutungsfördernd, zusammenziehend.

Speisesoda (Natron): weißes, kristallines Pulver ohne Geruch.

Stein-Alaun: wie Alaun sauer reagierendes, gut adstringierendes Mittel.

Tragant: liefert mit Wasser einen nichtklebrigen Schleim.

Vaseline: mineralisches Produkt – vielfach zu Handschutzsalben verwendet.

Voll-Eipulver: aus dem Hühnereigelb gewonnen; wichtiges Lezithin, wirkt nährend und rückfettend, auch schonend.

Walrat: aus den Schädelhöhlen des Pottwales. Wichtiger Bestandteil guter kosmetischer Cremes.

Walnußblätter: ergeben getrocknet durch Auskochen braune Flüssigkeit, die unschädlich färbt.

Walnußschalen, grüne: ergeben unschädliche braune Tönung.

Weingeist: siehe Alkohol.

Weizenkeimöl: Für kosmetische Zwecke wird nur das kaltgepreßte Öl aus Weizenkeimen verwendet. Hoher Gehalt an Vitamin E, Karotin – der Vorstufe des Vitamin A; hochwertiges Pflanzen-Lezithin und Spender von Pflanzenhormonen.

Weizenkleie: Abfallprodukt des Weizens.

Wollfett: gleich Wollwachs. Aus Schafwolle durch Herauswaschen oder Herauslösen gewonnen. Einer der wichtigsten kosmetischen Grundstoffe, wird von der Haut gut vertragen.

Zinkoxyd: Zinkweiß, weißes Pulver. Wirkt entzündungswidrig und zusammenziehend.

Zitronensäure: in Früchten weit verbreitet. In der Kosmetik wird sie als mildes Bleichmittel verwendet.

Heilpflanzen in der Kosmetik

Alant Wurzel
Stark antiseptische Wirkung. Äußerlich bei Hautkrankheiten
Arnika Blüten
Als verdünnte Tinktur entzündungshemmende Wirkung
Augentrost Kraut
Entzündungshemmend, besonders bei Augenentzündungen

Bärlapp Samen
Äußerlich als Streupulver
Baldrian Wurzel
Bei nervöser, gereizter Haut
Beinwell Schwarzwurzel
Fördert Wundheilung und Epithelbildung
Benediktenkraut
Bei Wunden, Brandwunden
Bingelkraut blühendes Kraut
Entzündungshemmend
Birke Rinde
Hautkrankheiten, Ekzeme, Haarausfall
Bockshornklee
Wunden, Geschwüre, Entzündungen, Abszesse
Bohne Mehl
Ekzeme, Hautausschläge, juckreizhemmend
Braunwurz Kraut
Innerlich bei Hautkrankheiten, Ekzemen
Breitwegerich Blätter
Geschwüre
Brennessel Blätter
Stärkend, festigend, gegen Haarausfall
Brunnenkresse Kraut
Hautkrankheiten, kreisförmiger Haarausfall

Dost Blühendes Kraut
Haarwuchsmittel

Ehrenpreis Kraut
Stärkt den Turgor der Haut
Eibisch Wurzel
Bei entzündlicher, rissiger Haut, Mundentzündungen
Eiche Rinde
Gegen Fußschweiß, Frostbeulen
Enzian, gelber Wurzel
Hautkräftigung, gegen Falten und Runzeln
Erdrauch Kraut
Bei chronischen Hautkrankheiten

Fenchel
Antiseptisch, reizmildernd
Fettkraut Kraut
Wundheilmittel
Fichte Knospen
Entzündungswidrig bei Hauterkrankungen durch Parasiten
Frauenmantel Kraut
Schönheitsmittel und gegen Sommersprossen

Frauenminze Blätter
Bei Quetschungen und Wunden

Gänseblümchen Blüten
Gegen Ekzeme und Hautkrankheiten
Gänsefingerkraut Kraut
Bei Gesichtsausschlägen und Wunden
Geißraute Kraut
Innerlich bei Hautleiden
Gnadenkraut Blühendes Kraut
Verdünnte Tinktur bei chronischen Hautleiden
Goldrute Kraut
Gegen langwierige Hautausschläge
Grindwurz Wurzel
Bei chronischen Flechten
Gundelrebe Blühendes Kraut
Bei Geschwüren

Hafer Flocken
Bei Haarausfall und schütterem Haarwuchs
Hagebutten
Adstringens und Hautpflegemittel
Hauhechel Blätter, Blüten
Bei Hautausschlägen und Jukken, Ekzemen, Ödemen
Hauswurz Blätter
Gegen Sommersprossen
Heidelbeere Blätter
Antiseptisch bei Hautleiden
Holunder Blätter
Gegen Entzündungen und Geschwüre
Hopfen Weibliche Blütenzapfen
Wirkt verjüngend, tonisierend durch weibliche Pflanzenhormone
Huflattich Blätter
Bei Ekzemen, Geschwüren

Johanniskraut Kraut
Nährend, hautreaktionsstärkend, gegen Geschwüre

Kamille Blüten
Beruhigend, granulationsfördernd, entzündungshemmend, gegen Haarausfall
Klette Wurzel
Gegen Hautleiden, Ekzeme, Flechten, Geschwüre, Haarausfall
Knoblauch
Verdünnt bei Hautleiden und Wunden

Labkraut Echtes Kraut
Bei Hautausschlägen
Leinkraut Blühendes Kraut
Heilend. Innerlich auch gegen Hautleiden
Lilie, weiße Frische Blüten
Reinigend, klärend
Linde Blüten
Bei unreiner Haut, gegen Sommersprossen. Haarwuchsfördernd
Löffelkraut Kraut
Gegen Hautleiden
Lorbeer, Lorbeeröl

Bei Hautkrankheiten
Löwenzahn Kraut
Gegen Ekzeme und Flechten

Malve, wilde Blätter
Gegen Wunden und Ekzeme
Mannstreu Wurzel
Bei Hautkrankheiten
Meerrettich Wurzel
Gegen Sommersprossen und Haarausfall, fettige Haare
Meisterwurz Wurzelstock
Unreine Haut, Ekzeme, Hautleiden
Melisse Blätter
Mildernd, gegen fettige Haut

Petersilie Kraut
Gegen Sommersprossen, als Haarwuchsmittel

Quecke Wurzelstock
Reizmildernd, entzündungshemmend

Ringelblume Blüten
Verschönerungsmittel, Hautschutz gegen rauhe, spröde Haut
Rosmarin Blätter
Bei erschlaffter Haut, gegen Haarausfall

Sauerampfer Kraut mit Wurzeln
Entzündungswidrig, bei Hautkrankheiten
Schachtelhalm Kraut
Bei fettiger, unreiner, erschlaffter Haut. Haarstärkend
Schafgarbe Kraut
Gegen Schuppenflechte. Bei fettigen Haaren
Seifenwurzel, rote Wurzel
Blutreinigungsmittel
Sonnentau Kraut
Gegen Warzen
Spitzwegerich Blätter
Gegen Ekzeme, Grind, auch reizlindernd
Stiefmütterchen Blühendes Kraut
Gegen unreine, sensible, trockene Haut. Zur Blutreinigung
Strohblume Blüten
Gegen Hautleiden

Tausendgüldenkraut Kraut
Gegen Wunden, Geschwüre, Kopfausschlag
Thymian Kraut
Hautpflegemittel, auch für Bäder
Tormentill Wurzelstock
Gegen große Poren, Ekzeme, Flechten. Als Sonnenschutz

Vogelknöterich Kraut
Zusammenziehend

Wacholder Ätherisches Öl
Gegen Schuppenflechte und andere Hautleiden

Weide Rinde und Blätter
Gegen Schuppen, fettige, unreine Haut

Weißdorn
Bei trockener, schuppiger und spröder Haut

Zitrone Fruchtschalen
Saft gegen rauhe, rissige Haut und Sommersprossen

Zwiebel
Verdünnte Tinktur bei Furunkeln und Haarausfall